Jörg Sczepek

PhotoFührer USA Nordarizona

PhotoFührer USA
Nordarizona

TEXT UND PHOTOGRAPHIEN
VON JÖRG SCZEPEK

Manche der in diesem Buch beschriebenen Örtlichkeiten erfordern die Anreise durch abgeschiedene Gegenden. Die dabei zu bewältigenden Wege können schwierig oder gefährlich sein. Dies unternehmen Sie auf eigene Gefahr und daher sollten Sie sich vor Antritt des Weges immer vor Ort nach den Bedingungen erkundigen. Als Autor kann ich für etwaige Verletzungen oder Unglücke, die Sie erleiden wenn Sie den Angaben in diesem Buch folgen, keine Haftung übernehmen. Alle Informationen sind sorgfältig geprüft worden. Für Vollständigkeit und Richtigkeit kann jedoch keine Haftung übernommen werden. Darüber können die Informationen in diesem Buch überholt sein können, wenn Sie es lesen.

Das Titelbild zeigt Die Formationen der „tanzenden Götter" (Yei Bi Chei) im Hintergrund des Dünenfeldes im Monument Valley Navajo Tribal Park. Die Abbildungen auf der hinteren Umschlagseite zeigen den Grand Canyon vom Yaki Point (oben), die Neonfigur „Vegas Viccy" an der Fremont Street in Las Vegas (rechts) und einen Ausschnitt der Karte des Canyon de Chelly National Monuments.

Bibliografische Information der Deutschen Nationalbibliothek
Die Deutsche Nationalbibliothek verzeichnet diese Publikation in der Deutschen Nationalbibliografie; detaillierte bibliografische Daten sind im Internet über dnb. dnb.de abrufbar.
Die automatisierte Analyse des Werkes, um daraus Informationen insbesondere über Muster, Trends und Korrelationen gemäß §44b UrhG („Text und Data Mining") zu gewinnen, ist untersagt.

© 2024 Jörg Sczepek

Verlag: BoD • Books on Demand GmbH, In de Tarpen 42, 22848 Norderstedt
Druck: Libri Plureos GmbH, Friedensallee 273, 22763 Hamburg

ISBN: 978-3-7597-0409-2

Inhalt

Das Reisegebiet

Das Colorado Plateau umfasst 377 000 km². Es erstreckt sich über die Südhälfte Utahs und die Nordhälfte Arizonas sowie Teile von Colorado und New Mexico. Es ist keine Ebene, wie der Name vermuten lässt, sondern gleicht einer flachen Schüssel mit einer durchschnittlichen Höhe von 1500 m, durchstoßen und aufgewölbt von vulkanischen Erhebungen und zerschnitten von den Schluchten der großen Flüsse Colorado, Green River, Escalante und San Juan. Überall auf dem Plateau herrscht eine unglaubliche topologische und morphologische Vielfalt der in vielen Farben variierenden Tafelberge, Schluchten, Brücken, Bogen, Klippen, Pfeiler, Säulen, Dome, Türme und Spitzen. Im Zuge der Auffaltung der Rocky Mountains vor 17 Millionen Jahren wurde das vor allem aus weichem Sedimentgestein bestehende Gelände auf seine heutige Höhe angehoben – eine wichtige Voraussetzung für die Entstehung von so tiefen Canyons – und dabei von Wellungen, Verschiebungen und Brüchen erfasst, welche die Wind- und Wassererosion soweit begünstigten, daß sie im Verlauf der letzten 5 Millionen Jahre jene wunderbare Canyonlandschaft formen konnte, die wir heute sehen. Der unterschiedlichen Widerstandskraft des Gesteins verdanken wir solche Exoten wie die Balanced Rocks und geologische Extreme wie die Slot Canyons. Ein Ziel sollte es sein, im Bild deutlich zu machen, dass der Formenschatz dieser durch ihre Unzugänglichkeit weitgehend unberührten Naturlandschaft nicht statisch ist, sondern dass der Erosionsprozess dynamisch fortschreitet: Einschnitte von 30 cm Tiefe in den vergangenen 100 Jahren sind keine Seltenheit, und wenn die Natur weiter so erosiv verfährt, wird sich die heute bizarre Canyonlandschaft in einigen Millionen Jahren zu einer flachen Ebene auf der Höhe des Meeresspiegels wandeln.

In einem Gebiet wie diesem bereist man nicht nur einen Teil Amerikas oder der USA im weiteren Sinne, sondern viel mehr einen aufregenden Teil der Erdgeschichte, in dem die Prozesse vom Entstehen und Vergehen des Landes und der Landschaft so deutlich werden wie kaum sonst irgendwo auf der Erde. Vulkanismus, Plattentektonik, Gebirgsauffaltung und Erosion durch Wind oder Wasser sind hier keine Fremdwörter im Lexikon, sondern greifbar, beobachtbar, geradezu fühlbar. Lassen Sie sich darauf ein: Mit ein wenig geologischem Hintergrundwissen erschließt sich dem Auge ein über den offensichtlichen Formenschatz hinausgehender, reizvoller Motivraum.

Die weite Spanne der Höhenlagen des Colorado Plateaus erschwert die Wahl der Reisezeit, denn ist es im Frühjahr in den Niederungen gerade angenehm, sind die höheren Regionen noch in Schnee gepackt. Frühjahr (Mitte April bis Mitte Juni) und Herbst (Oktober und November) sind gute Kompromisse aus Temperatur und Wetterbeständigkeit. Der Reiz des Frühlings liegt im Wasserüberfluss, der die Landschaft für kurze

Zeit ergrünen und viele Wildblumen gedeihen lässt, sowie im Vorteil der gegenüber dem Herbst längeren Tage. Aber auch dann können in den Hochlagen Schneefälle überraschen, oder es ist an den Nachmittagen bewölkt und regnerisch. – Beides keine guten Voraussetzungen für einen photographisch wirkungsvollen Sonnenuntergang! Der Sommer ist frei von solchen Allüren. Die Tage und Abende krönt ein wolkenlosblauer Himmel, aber dafür locken Temperaturen jenseits der 35 °C eher in den Schatten als in gute Aufnahmepositionen. Auch gilt er durch die US-Sommerferien als Hauptreisezeit, in der die Parks allesamt überlaufen sind. Der Herbst lockt mit ebenfalls stabilen Wetterlagen und blauem Himmel am Tage sowie kühlen Nächten. Als Bonus können Sie die Laubfärbung genießen, die die Landschaft in ein ganz neues Bild rückt. Im Frühjahr wie im Herbst fällt die Abwesenheit lästiger Insekten besonders positiv auf. Der Monat mit der höchsten Niederschlagsmenge ist der August, dann folgen Juli, September und der Oktober. Der trockenste Monat ist der Juni. Während der Monsunzeit von Mitte Juli bis Mitte September können die sporadischen, aber heftigen Regenfälle so manches trockene Flusstal von jetzt auf gleich in einen reißenden Strom verwandeln. Den Wetterberichten sollte daher in dieser Zeit besondere Beachtung geschenkt werden. Wenn Sie können, legen Sie Ihre mindestens dreiwöchige Reise also in den Oktober. Durchweg angenehme Temperaturen mit viel Sonne und blauem Himmel belohnen Sie. Beginnen Sie dann am Nordrand des Grand Canyon kurz bevor dieser für den Winter geschlossen wird und beenden Sie Ihren Trip im Zion NP, wo die Laubfärbung durch die geringere Höhe erst später einsetzt. Sollten Sie im Frühjahr reisen, kehren Sie diese Reihenfolge einfach um. Tipp: Nach den letzten Erhöhungen der Eintrittspreise rechnet sich der America the Beautiful Pass des National Park Service schon bei fünf besuchten Parks: Für 80 Dollar gewährt er ein Jahr lang Eintritt in alle Teile des National Park Systems!

Die aktuell größten Herausforderungen sind sicherlich die starke Zunahme sowohl von Einwohner- als auch Besucherzahl, welche sich unglücklicherweise mit reduzierten Niederschlägen paart. Auf die westlichen Bundesstaaten gerechnet muss im Vergleich zu 2000 ein Plus von 15,5 Millionen Menschen mit reduzierten Wassermengen versorgt werden. Verglichen mit 1990 hat die Einwohnerzahl sogar um 25 Millionen zugenommen. Dazu ist die Besucherzahl in den elf größten Schutzgebieten im Südwesten von 26,4 Millionen auf 35,2 Millionen gestiegen. Natürliche und künstliche Reservoirs verändern sich drastisch, weil die Fehlmenge entnommen werden muss. Die besonders bekannten Schutzgebiete haben zum Teil bereits Restriktionen für Besucher eingeführt oder denken darüber nach. Mittelfristig werden sie wohl alle dazu gezwungen sein, um die Parks, in denen Infrastruktur ja nicht beliebig dazu gebaut werden kann, überhaupt zu erhalten. Spontaner Zugang wird nicht mehr immer möglich sein und Reisen sollten mit einem Gespür dafür vorbereitet werden.

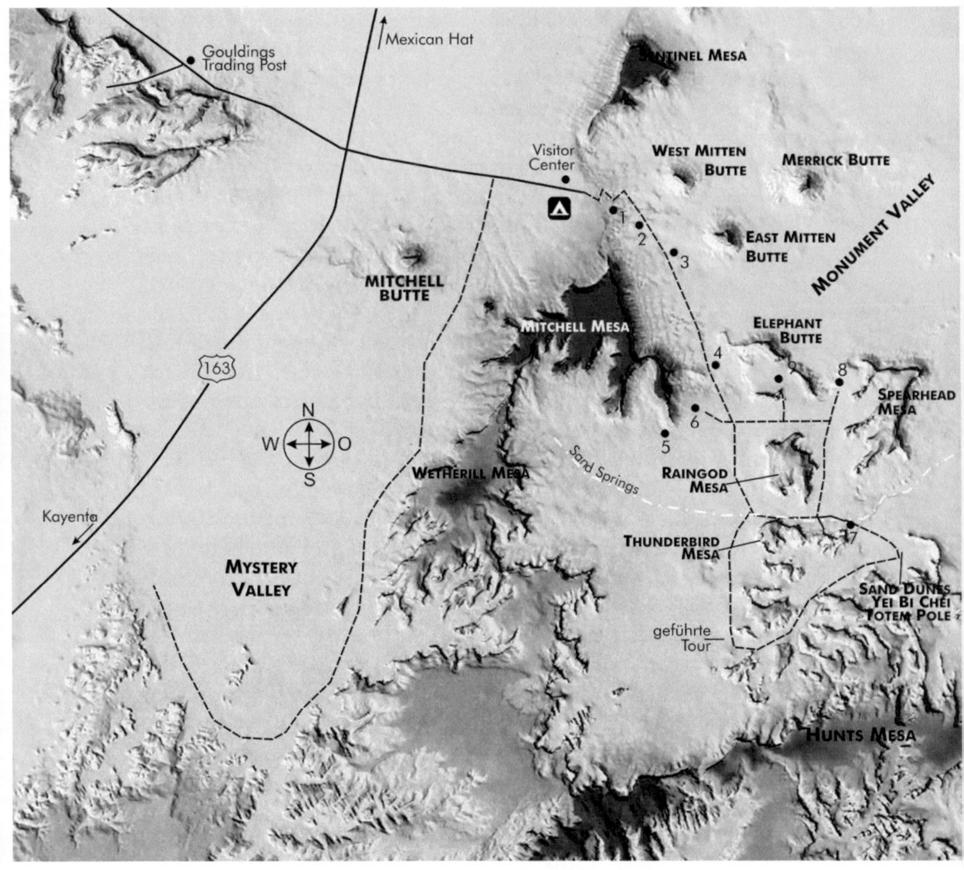

Monument Valley Navajo Tribal Park

- *1697 m hoch gelegen*
- *Nahe an 400 000 Besucher pro Jahr*

Wie, Wo, Was

Ein Cinemascope-weites Tal, drei mächtige rote Sandsteintürme, darüber ein unendlich blauer Himmel. Was braucht es mehr zu einer Filmkulisse, zu einem prächtigen Bild, zu einem Ort der Sehnsüchte und Wünsche? Aber Monument Valley besteht nicht nur aus Träumen, sondern hat auch eine reale Seite: Es ist ein Stammespark, von den Navajos verwaltet, deren Mitglieder noch immer im Tal von der Schaf- und Ziegenzucht leben.

Auf dem heutigen Talgrund und weit darüber hinaus, befand sich vor einigen Millionen Jahren eine massive Mesa, höher als die noch stehenden Buttes (sprich „Bjutes"). Doch dank der immerwährenden Erosionsprozesse sind von ihr nur mehr die kolossalen Zeugenberge übriggeblieben, von denen West Mitten Butte, East Mitten Butte und Merrick Butte mit mehr als 350 m Höhe die Landschaft dominieren.

Monument Valley - Die Sehnsuchtslandschaft ganzer Generationen

Die Kommerzialisierung des Tals hat in den letzten Jahren enorm zugenommen – seien Sie nicht überrascht, wenn Sie an vielen Aussichtspunkten Andenkenbuden finden!

Wegweiser

Monument Valley liegt an der Rt-163 auf halbem Weg zwischen Kayenta und Bluff (jeweils 45 mi) und zu je einem Teil in Arizona und Utah. Die klassische Ansicht der schnurgerade auf die den Horizont durchstoßenden Monumente zuführende Straße erleben Sie, wenn Sie sich über die Rt-163 von Mexican hat im Nordwesten aus nähern.

Am Rand des Tals gibt es ein Besucherzentrum mit angegliedertem einfachen Campingplatz. Gouldings Trading Post, 3 mi entfernt auf der anderen Seite der Rt-163 gelegen, bietet ein Motel mit Campingplatz und einen gut sortierten Supermarkt.

Für das Tal als touristischen Brennpunkt gilt besondere Rücksichtnahme, da der größte Teil des Landes Privatbesitz ist. Für den Individualverkehr ist daher nur ein 17 mi Rundkurs des Self-Guided Drives (1,5-2 Std.) für Fahrzeuge bis maximal 27 ft Länge freigegeben, der die interessantesten Landschaftsteile leider ausklammert. Er ist zwischen Mai und September von 06:00-20:30 Uhr geöffnet. Von Oktober bis April gelten

Der Klassiker: Die Buttes vom Besucherzentrum

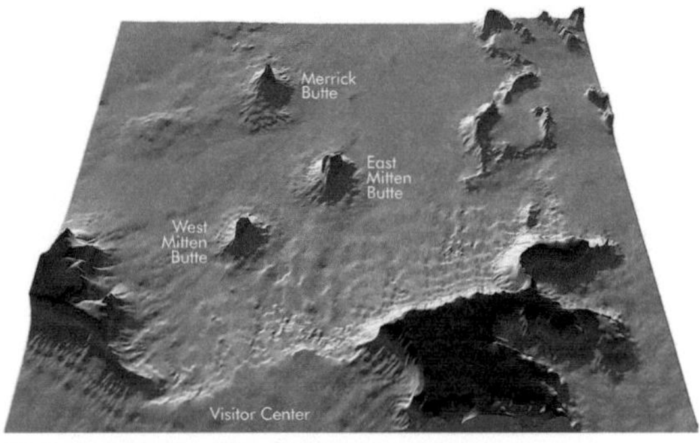

Blick nach Westen über das Monument Valley
am 01.07. um 06:00 Uhr, Sonnenaufgang um 05:11 Uhr

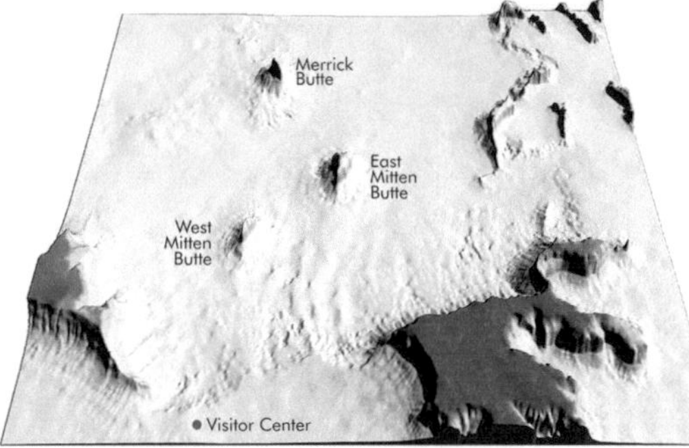

Blick nach Westen über das Monument Valley
am 01.07. um 12:30 Uhr

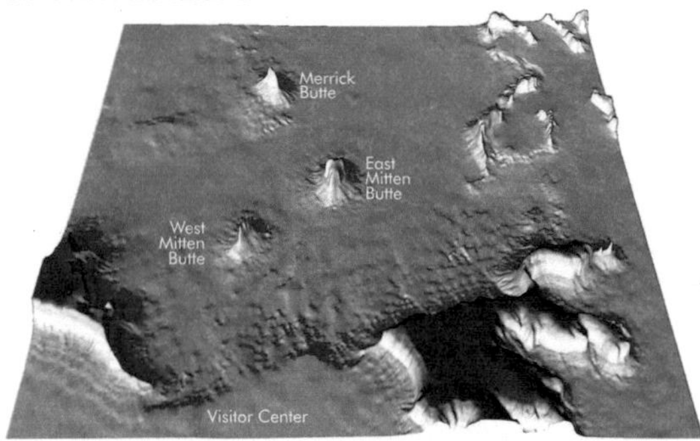

Blick nach Westen über das Monument Valley
am 01.07. um 18:30 Uhr, Sonnenuntergang um 19:36 Uhr

verkürzte Zeiten zwischen 08:00-16:30 Uhr.

Der verbleibende größere Teil, die spannendsten Formationen sowie die indianischen Ruinen und Artefakte, sind nur unter Begleitung eines Navajo-Guided erreichbar. Eine solche organisierte Tour im 4WD-Fahrzeug ist aufgrund der schlechten Pisten anzuraten. Die Dauer der geführten Touren variiert zwischen 1,5 Std. und einem ganzen Tag. Sie bieten die Möglichkeit, indianische Ruinen, Demonstrationen lokaler Handwerkskunst oder gestellte Vorführungen in ursprünglichen Kostümen vors Objektiv zu bekommen. Ihr Nachteil ist, dass sie oft nur wenig Zeit zum Photographieren bieten und nicht immer mit dem besten Licht ankommen. Die Rundfahrten starten vom Visitor Center, Gouldings Trading Post sowie den Orten Bluff, Mexican Hat und Kayenta. Für ein Stativ ist wenig Platz im Bus, nehmen Sie stattdessen lieber einen Blitz mit, um im Innern der traditionellen Hogans zu photographieren.

Wenn Sie zum Sonnenaufgang in den Park wollen oder an sonst nicht zugänglichen Orten mehr Zeit zum Photographieren haben möchten, müssen Sie sich am Visitor Center in die Obhut eines privaten Führers begeben. Bei stundenweiser Abrechnung bringt er Sie mit seinem Jeep zu allen Formationen und Sie können sich selbstverständlich aufhalten, so lange Sie wollen. Auf http://www.navajonationparks.org/htm/monumentvalley.htm finden Sie eine Liste der zugelassenen Führer. Rechnen Sie mit einem Stundensatz von 50 $.

Dank schärferer Restriktionen ist es auch geführten Gruppentouren nicht mehr möglich, außerhalb der regulären Öffnungszeiten des Self Guided Drive ins Monument Valley zu gelangen. Für die Photographie ist dies hinsichtlich der Lichtverhältnisse ein schwerwiegender Nachteil.

Geographische Orientierung und die photogensten Tageszeiten

Das Tal und die drei großen Buttes erstrecken sich vom Visitor Center aus in west-östlicher Richtung genau vor dem Sonnenaufgang. Die besten Zeiten, um mit der Kamera zu arbeiten, sind der frühe Morgen und der späte Nachmittag. Am Morgen ist der Himmel klar, es herrscht kühles Licht und die Beleuchtung von hinten lässt ein selten gesehenes Bild der Monumente entstehen. Am Nachmittag ist das Licht dagegen wärmer und es gibt oft ein wenig Dunst. Um die Mittagszeit und auch schon früher arbeiten Sie am besten mit der Sonne. Dafür bieten sich Artists Point und noch besser North Window und der von dort nach rechts führende kurze Weg an. Von ihm aus können Sie von wechselnden Standpunkten und mit reichlich guten Vordergrundobjekten arbeiten. Plus: Sie haben Gelegenheit, die Monumente aus einer noch nicht überphotographierten Perspektive abzulichten. Da sich Photomöglichkeiten sowohl aus großer- als auch aus geringer Entfernung ergeben, sollten Sie Brennweiten vom Weitwinkel bis zum leichten Tele einpacken.

Marker No 4, East- und West Mitten Butte

Motive am Self Guided Drive

Die Aussicht vom Visitor Center ist zu jeder Tageszeit gut, vor einem leicht bewölktem Himmel sogar sehr gut. Sonnenauf- und -untergang sind spektakulär. Dann stehen die Buttes als Silhouette vor der Sonne und einem zuerst purpurnem, später roten Himmel oder werden vom Licht in flüssiges Gold getaucht. Brennweiten von 35 mm und weniger sind adäquat. Seien Sie mindestens 30 min vor Sonnenaufgang hier, um den ersten rötlichen Widerschein am östlichen Himmel einzufangen. Wenn dieser Effekt stärker wird, orientieren Sie die Belichtung an der hellsten Stelle des Himmels, variieren sie aber um +/- 2/3 Stufen. Die Anhöhe des Visitor Centers wirft einen schwarzen Schatten auf die Basis der Buttes und steigert so den Kontrast. Noch eindrucksvoller wird das Bild nach den ersten

West Mitten Butte und Reflecting Pond

beiden Serpentinen auf dem Weg ins Tal. Die drei Buttes eignen sich dazu, sie mehrmals am Tag im wechselnden Licht aufzunehmen, um die Bilder in einer Überblendsequenz zusammenzufassen: Am Morgen scheint der Fels zu glühen, am Nachmittag stehen die Mittens als dunkle Silhouette da.

Marker # 1: Von hier aus erscheinen die drei Buttes noch ein wenig größer, da der Horizont hier tiefer liegt und man den ihnen näher ist als auf der Höhe des Besucherzentrums.

Marker # 2: bietet einen weiteren Blick auf die drei Buttes, der tote Baum gibt einen guten Rahmen für Weitwinkelkompositionen mit Merrick Butte.

Marker # 3: ist einer der besten Stops im Tal und Sie sollten, wenn möglich, mehrmals am Tag zurückkommen, denn mit dem Wechsel des Lichts ergeben sich immer neue Bilder. Links unterhalb liegt ein natürliches Wasserbassin, das Sie, sofern es gefüllt ist, für Reflexionen von West Mitten nutzen können. Am besten am Morgen, wenn die Sonne außerhalb des Gesichtsfeldes steht. Auf der Anhöhe rechts steht ein weiterer toter Baum, genau richtig um West Mitten zu rahmen.

Marker # 4/Elephant Butte: Die einem Elefanten ähnelnde Formation liegt genau geradeaus. Das flache Nachmittagslicht akzentuiert die Form, so dass man sie leichter erkennt.

Marker # 5/The Three Sisters: Die drei spitzen Sandsteingrate befinden sich vom Elephant Butte View aus halb rechts und kommen mit einem leichten Tele am besten.

Marker # 6/John Fords Point: schaut aus kürzerer Entfernung auf die Three Sisters und von der Seite auf zwei der drei großen Monumente. Am Vormittag arbeiten Sie hier mit dem Licht, während sich am Nachmittag eine Gegenlichtsituation ergibt. Zwischen 9:30 und 10:00 Uhr sowie zwischen 14:00 und 14:30 Uhr posiert ein Indianer mit Pferd auf einem Felsvorsprung für die geführten Touren.

Blick von Hunts Mesa ins Monument Valley

Marker # 7/Sand Springs: hat einen guten Blick auf Totem Pole und eine Ecke der Sanddünen (jene Bereiche des Tals, die Sie nur auf einer geführten Tour näher erkunden können), die sich von hier aus mit einer Brennweite um 180 mm gut am Morgen und Nachmittag aufnehmen lassen. Sand Springs ist die Hauptwasserquelle des Tals und mit etwas Glück sehen Sie am späten Nachmittag wie die indianischen Hirten ihre Schafe hierher zur Tränke treiben.

Marker # 8/Artists Point: bietet ein spektakuläres Panorama von der Seite über das weite Tal und die drei Monumente. Da der Blick nach Norden geht, ist der Vormittag genauso gut wie der Nachmittag, denn in beiden Tageshälften fällt das Licht von der Seite ein und akzentuiert die Weite mit schönen Kontrasten. Wenn dann noch einige Wolken den Himmel strukturieren, was in der zweiten Tageshälfte häufig der Fall ist, können Sie es nicht mehr besser treffen.

Yei Bi Chei und Dünen

Marker # 9/North Window: ist ebenfalls eine gute Location für das flachere Nachmittagslicht. Mit einem Weitwinkel ist es nicht leicht die Felsöffnung ins Bild zu bekommen, aber je weiter man nach Süden, zur Raingod Mesa hin, zurückweicht, um so besser kann man den Blick mit einem Tele verdichten. Dabei lässt sich sogar der Baum in der Mitte des Parking Areas mit einbeziehen. Nach links schaut man vom Parkplatz aus in anderer Perspektive als am John Ford Point auf die Three Sisters. Folgen Sie am Ende der Dirtroad dem Seitenweg nach rechts um Cly Butte herum für ein weites Panorama der entfernten Buttes mit East Mitten im Vordergrund.

Bedenken Sie bei Ihrem Besuch, dass die Uhren innerhalb der Navajo Reservation sommerzeitbedingt eine Stunde zurückgestellt werden. Dies ist im restlichen Arizona nicht der Fall.

Teardrop Window

Motive auf den geführten Touren

Yei Bi Chei und Totem Pole: Nur mit einem Guide gelangen Sie vor Sonnenaufgang in dieses Gebiet und es entgeht Ihnen wirklich etwas, wenn Sie es auslassen. Von der Ostseite der Raingod Mesa aus können Sie zunächst die aufgehende Sonne hinter die Spitzen von Yei Bi Chei und dem Totem Pole stellen. Ein Superweitwinkel fängt viel vom farbigen Himmel ein, mit 180 mm Brennweite verdichten Sie die Formationen. 1 mi weiter durch den Sand Springs Wash geht's dann direkt in das Dünenfeld hinein für die klassische Ansicht der vom Wind sauber gefurchten Sanddünen vor den Rot leuchtenden Felstürmen. Auch im flachen Nachmittagslicht entfalten die Dünen nochmals ihre Leuchtkraft, so dass auch Langschläfer zu einer guten Aufnahme kommen können. Vom Aussichtspunkt am Self-Guided Drive aus sind die Dünen nicht zu sehen, aber mit einem Tele bekommen Sie wenigstens Yei Bi Chei aufs Bild.

Hotcake Flats sind einige gekräuselte Felsformationen, die wie Pfannkuchen aussehen.

Suns Eye ist eine Öffnung in einer Sandsteinwand. In der Nähe finden sich ebenfalls Petroglyphen, wunderbar detailliert in den dunklen Fels geritzte Darstellungen von Tieren und menschlichen Lebewesen.

Blick von der Höhe des Besucherzentrums über das Tal

Ear of the Wind ist eine schöne blaue Öffnung im roten Sandstein, mit grüner Vegetation im Vordergrund.

In der Umgebung von Echo Cave Ruin finden sich exzellente Petroglyphen. Die blau-grünen Pflanzen sind Loco Weeds, die gut mit dem roten Boden kontrastieren. Zusätzlich wird meist noch an einem traditionellen Hogan gehalten, wo Sie die Möglichkeit haben, den Navajos beim Weben über die Schulter zu schauen. Für Aufnahmen im dunklen Inneren der Rundhütte sollten Sie einen Blitz mitführen.

Teardrop Window ist ein wunderbares Motiv und sein Name sagt bereits, wie es aussieht. Es liegt oberhalb des Highschoolgebäudes an der Stichstraße zur Gouldings Trading Post und schaut gen Osten auf die Formationen im Monument Valley. Die Zufahrt erfolgt über eine Staubstraße, die 4WD erfordert. Während des Sommers wird es von der tief im Westen stehenden Sonne gegen 17:30 Uhr (1 Std. früher im Herbst) von vorn beleuchtet, so dass seine Form im roten Fels und die Buttes im Hintergrund als ganz natürliches Ensemble erscheinen. Vormittags, wenn es im Schatten liegt, kann man bei Belichtung auf den

Hintergrund einen interessanten Silhouetteneffekt provozieren oder mit Blitzaufhellung arbeiten (mit einem Orangerot-Filter auf dem Blitz bemerkt man das Kunstlicht später nicht). Ein leichtes Weitwinkel gestattet es, die ganze Formation aufzunehmen. Um die entfernt im Monument Valley liegenden Buttes im Blick durch die Felsöffnung erkennbar zu halten, ist dagegen ein leichtes Tele im Bereich von 85 mm notwendig. Der Sonnenuntergang sorgt für eine intensive Rotfärbung der Monumente, was die Belichtung erschwert. Eine gute Möglichkeit ist es, einmal auf den Himmel über den Buttes zu belichten und ein zweites Mal auf Teardrop Window selbst. Zu Hause am PC können Sie dann beide Aufnahmen zu einem richtig belichteten Bild zusammenfügen. Zudem haben Sie mit der ersten Variante eine, die die Felsöffnung als interessante schwarz zugelaufene Silhouette vor den Monumenten zeigt. Für den Besuch mit dem Navajoführer sollten Sie gut 2 Std. einplanen.

Hunts Mesa erhebt sich 360 m über dem Monument Valley und bietet so den besten Panoramablick über das Tal und die Monumente, den man sich vorstellen kann. Sie können den Tafelberg entweder auf einer erwandern oder mit einem geländegängigen Fahrzeug erfahren. Die erste Variante führt über eine steile Passage, die eine Leiter erfordert und aus diesem Grund die Menge des mitgenommenen Equipments beschränkt. Von dieser Limitierung sind Sie natürlich befreit, wenn Sie das Auto benutzen. Das beste Licht bietet der späte Nachmittag, wenn die Sonne tief im Westen steht und das weite Panorama mit dramatischen Schatten auflockert. Telebrennweiten gestatten es, einzelne Details formatfüllend auszusondern, aber kaum ein Weitwinkel ist in der Lage, den ganzen Cinemascopeblick einzufangen. Sofern Sie nicht eine spezielle Panoramakamera Ihr eigen nennen, bietet es sich also an, mehrere versetzte Aufnahmen mit 35 mm oder 50 mm zu machen und später am Computer zu einem Panoramabild zu kombinieren. Da Hunts Mesa aber zum Stammespark gehört, kann man dort nicht auf eigene Faust hingehen. Sie müssen eine Tour mit einem Navajo-Führer buchen. Diese Touren dauern normalerweise 7 Stunden. Oder Sie gehen aufs Ganze und erleben den Sonnenaufgang auf einem 18-stündigen Campingausflug mit Übernachtung. Stellen Sie sich auf hohe Preise ein.

Minimalprogramm und Tagesablauf

3 Std am Nachmittag, um den Self-Guided Drive abzufahren und bei Sonnenuntergang das Panorama der Monumente von der Höhe des Besucherzentrums aufzunehmen. Um alle wesentlichen Parkteile im guten Licht aufzunehmen, brauchen Sie aber zwei Besuche: eine geführte Tour am Nachmittag in die Gebiete, die der Self-Guided Drive ausspart und eine Fahrt über diesen am Vormittag.

Valley of the Gods

● *Zwischen 1372 m und 1688 m hoch gelegen*

Das Valley of the Gods ähnelt landschaftlich dem Monument Valley, unterliegt aber nicht den Beschränkungen des Stammesparks. Es befindet sich auf Land, das vom Bureau of Land Management verwaltet wird, und ist daher für Wanderungen, Rucksacktouren und Camping geöffnet. Das Tal liegt in dem spitzen Dreieck zwischen der Rt-163 und der Rt-261. Die roten Sandsteinmonolithen haben ihren eigenen Charakter, sind schlichter als im Monument Valley und von nicht so großer Vielfalt. Das stärkste Erlebnis hier ist das der Einsamkeit, fast der Isolation. Aber es ist auch eine noch nicht vollständig fotografierte Landschaft, in der man seinen Blick für neue Bilder schärfen kann. Vor allem die Nachmittagssonne taucht die Felsenkathedralen in ein spektakuläres Licht, während sie sich mittags gespenstisch aus dem Dunst erheben.

Die Valley of the Gods Road, eine Dirtroad, führt auf 17 mi von der Rt-163 aus im Bogen auf die Rt-261 durch die Formationen. Bei trockenem Wetter ist sie für normale PKW und kleinere Wohnmobile gut befahrbar. Für die Rundfahrt sollten rund 2 Std. eingeplant werden. Am Nachmittag fahren Sie am besten von West nach Ost mit der Sonne im Rücken. Es gibt keine Services oder Übernachtungsmöglichkeiten.

Goosenecks of the San Juan River State Preserve

● *1525 m hoch gelegen*

Wie, Wo, Was

Soo eilig kann man es auf dem Weg von den Naturwundern um Moab zum Monument Valley gar nicht haben, dass man dieses Spektakel des San Juan Rivers verpassen könnte: 500 m unter dem Aussichtspunkt am Ende der Zufahrtsstraße hat sich der Fluss in vier vollständigen Schleifen auf 5 mi durch die graue Hermosa Formation gegraben. Luftlinie legt er dabei gerade mal 1 mi zurück.

Dabei besticht das Gesamtbild mehr durch die schiere Größe als durch seine Romantik - ein perfekter Vordergrund also für ein echtes

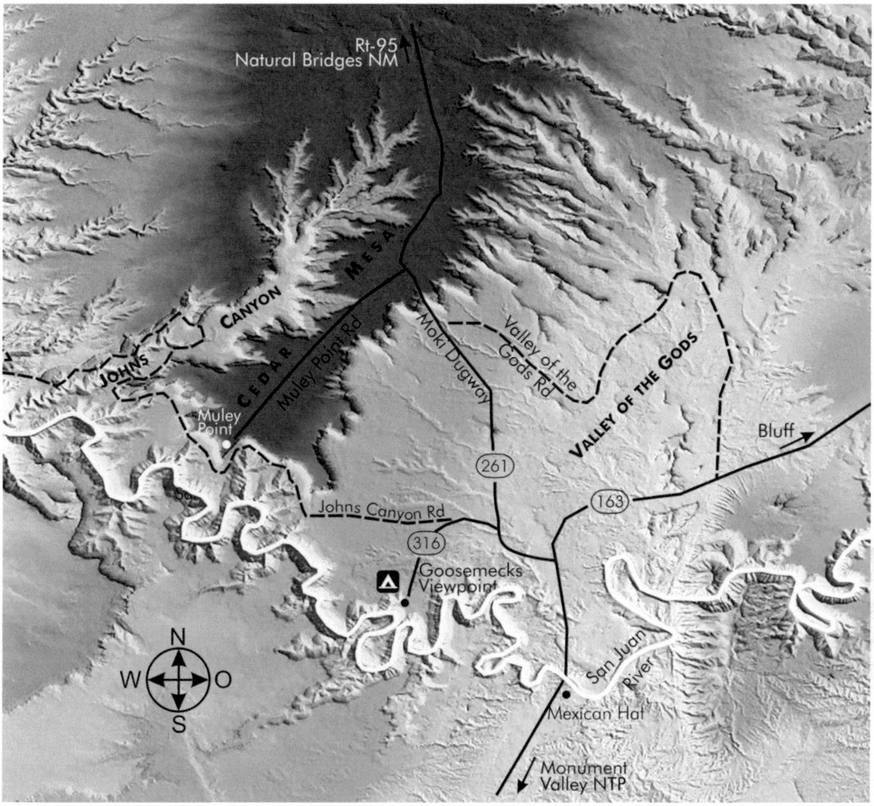

Panorama mit den Formationen des Monument Valley am Horizont.

Findet das normale Kleinbildformat Verwendung, bekommen Sie, egal wie gering die Brennweite auch sein mag, nie alle vier Windungen zusammen aufs Bild. Man kann Einzelteile zu einem Bild zusammenfügen oder sich mit dem Tele auf Details konzentrieren.

Besonders bemerkenswert ist die Präzision, mit welcher der Fluss diese Arbeit geleistet hat: Die Absätze entlang der Abhänge erscheinen geometrisch exakt parallel.

Der State Park ist an jedem Tag des Jahres zugänglich (5 $ Gebühr) und liegt vier Meilen nördlich von Mexican Hat und weitere vier Meilen abseits

Eine Landschaft, wie von der Hand eines Riesen geformt

der Rt-163. Vor Ort gibt es keine Services, aber Sie dürfen für weitere 10 Dollar auch mit Ihrem Wohnmobil rund um den Aussichtspunkt campen.

Muley Point liegt außerhalb des State Parks und bietet einen spektakulären Ausblick auf die unten liegende Flusslandschaft und die Formationen von Monument Valley in der Ferne. Er ist über eine vier Meilen lange Staubstraße ab der Rt-261 erreichbar, die über den Moki Duckway führt, wobei sie in einer Reihe scharfer Kurven auf den 3 mi bis zur Spitze der Cedar Mesa 330 m an Höhe gewinnt. Die Strecke zum Muley Point ist ungeteert. Infos zum Zustand gibt's in Mexican Hat oder im Natural Bridges National Monument. Hoch gelegene Punkte, wie dieser, locken immer ganz früh am Morgen oder zum Sonnenuntergang. Die von hier zu sehende Landschaft ist aber so weit, wild und dimensionlos, dass es wohl schöner ist, den Ausblick zu genießen als später auf „leere Bilder" zu schauen.

Geologie

Bei den geologischen Formationen, die im Südwesten zu sehen sind, handelt es sich um Sedimentschichten, die vor Millionen von Jahren während der Trias- und Jurazeit abgelagert wurden. Diese Schichten wurden abwechselnd von flachen Meeren, riesigen Wüsten und trägen Flüssen abgelagert. Im Folgenden sind die wichtigsten Gesteinsschichten in den Canyons aufgeführt. Bitte beachten Sie, dass die Formationen in der Reihenfolge von der untersten hin zur obersten Schicht aufgeführt sind.

Chinle-Formation: Diese vielfarbige Formation wurde von mäandrierenden Bächen und flachen Seen gebildet und findet sich im Oberlauf von Nebenflüssen der Ostseite. Sie erodiert relativ leicht und untergräbt den darüber liegenden Wingate-Sandstein, was zu mit Geröll übersäten Hängen führt. Diese Formation findet sich vor allem im Gebiet der Circle Cliffs.

Wingate-Sandstein: Diese Formation, die als Sanddünen abgelagert wurde, als eine riesige Wüste die Region bedeckte, bildet, wenn sie vom darunter liegenden Chinle unterhöhlt wird, kantige, senkrechtwandige Felsen.

Kayenta-Sandstein: Diese Formation weist abwechselnd harte und weiche Schichten auf, die von trägen Flüssen abgelagert wurden. An exponierten Stellen bildet der Kayenta-Sandstein Felsvorsprünge und Terrassen.

Navajo-Sandstein: Dieser Sandstein wurde ebenfalls in Form von Wüstendünen abgelagert und hat eine Farbe, die von weiß bis gelblich und hellorange reicht. Er liegt über der erosionsbeständigen Kayentaschicht und bildet Kuppeln und abgerundete Flächen. Der Navajo-Sandstein ist die Hauptformation in den Canyons, die dem Colorado von Westen her zufließen. Die meisten Bögen und natürlichen Brücken in diesem Gebiet sind in dieser Formation zu finden.

Carmel-Formation: Diese schluffsteinähnliche Formation wurde von flachen Meeren abgelagert und entstand während der Jurazeit. Ihre Farbe variiert von kastanienbraun und violett bis grau und braun. Man findet sie westlich des Flusses in den Wandergebieten Harris Wash, Egypt und Early Weed Bench.

Weite im Bild

Panoramen sind üblicherweise Bilder die breiter als hoch sind, also stark vom Kleinbild Seitenverhältnis 2:3 abweichen. Erzeugt werden sie entweder mit echten Panorama Kameras, die auf verschiedene Arten einen Blickwinkel von mehr als 130° abdecken, oder durch das Zusammenfügen passgenauer Einzelbilder. Point-and-shot Kameras mit einer sogenannten „Panorama-Einstellung" sind also eigentlich eine Mogelpackung, denn sie beschneiden das Kleinbildformat nur oben und unten mit einer Maske und erwecken so den Eindruck eines breiten Bildes. – Ginge man einem 40x60 cm Abzug mit einer Schere zu Leibe hätte das denselben Effekt. Für die Reisephotographie gibt es zwei grundsätzliche Möglichkeiten Panoramen anzufertigen:

Mit Hilfe einer Panoramakamera wie der Linhof Technorama oder der Horizon 202. Einer Kamera also, die mit einem Großbildobjektiv oder durch die Schwenkung der Optik einen unverzerrten Blickwinkel von mehr als 130° abdeckt. Sie sind zwar nicht billig, aber einfach zu handhaben und es gibt sogar Modelle mit Belichtungsmessung. Bei allen Modellen ist zu beachten, daß die Horizontlinie genau waagerecht verlaufen muß, um eine unverzerrte Abbildung zu erreichen. Schon geringe Abweichungen führen vor allem bei den Modellen mit rotierender Optik zu einem tonnenförmigen Durchbiegen des Horizonts, ein Effekt den man aber auch durchaus gewollt einsetzen kann. Etwas mehr Geduld bei der Aufnahme verlangen Photos die später zusammen montiert werden

sollen. Üblicherweise belichtet man dazu 3 Bilder in dem man die Kamera auf dem Stativ in einer waagerechten Position aus der Mitte heraus nach Links und Rechts schwenkt. Eine Gitternetz Einstellscheibe und feste Bezugspunkte in der Landschaft erleichtern dies. Für diese Methode sollten Brennweiten um 100 mm verwendet werden, da sie verglichen mit Weitwinkel Objektiven recht verzeichnungsfrei arbeiten. Sehr viel präziser geht es mit einem Shift Adapter, der die Verwendung von Mittelformat Objektiven an einem KB-Gehäuse erlaubt (Panorama-Shift-Adapter der Firma Zörkendörfer aus München). Diese Optiken sind für ein größeres Filmformat konzipiert und ermöglichen so Verschiebungen um rund 20 mm aus der optischen Achse parallel zur Filmebene ohne Vignettierungen, wobei auch die Perspektive erhalten bleibt. Diese Methode eignet sich auch gut zum Ausgleich stürzender Linien im Hochformat. Bei beiden Methoden wird die Belichtung am mittleren Bild gemessen und für die folgenden 2 Bilder beibehalten, auch wenn die Helligkeit in diesen Bereichen variiert. Nur so gelingt ein gleichmäßiger Übergang. Um bei der späteren Montage etwas Spielraum zu haben sollten sich die Einzelbilder geringfügig überlappen.

Stammesgeschichten

„Dineh" – *„das Volk"* oder *„die Menschen"* - so bezeichnen sich die rund 200 000 Mitglieder des heute noch größten Ureinwohner-Stammes der USA selbst. Zurückgehend auf eine spanische Bezeichnung aus dem 17. Jahrhundert nennen wir Europäer sie *„Navajo"*. Nach ihrer vierjährigen Deportation in den Osten New Mexicos um 1870 bewohnen sie seit nunmehr über 100 Jahren ein Reservationsgebiet, das den Nordosten Arizonas und einen Teil des nordwestlichen New Mexicos umfasst. Ein Gebiet das, umgeben von den vier heiligen Bergen Blanca Peak und Hesperus Peak in Colorado, Mount Taylor im nördlichen New Mexico und den San Francisco Peaks nahe Flagstaff, ihre seit dem 15. Jahrhundert angestammte Heimat ist. Ein Gebiet, das ihnen, trotz der reichlichen Bodenschätze, aufgrund der Abhängigkeit von US-Firmen aber auch nur eine Existenz an der Armutsgrenze erlaubt. Im Zentrum dieses großen Kreises, zwischen der mythologisch weiblichen Black Mesa und ihrem männlichen Gegenstück, den Chuska Mountains, beginnt mit First Man und First Women die Geschichte der *„Dineh"*, entspringen all ihre Mythen. - Wichtige Orte für ein Volk, das seine Identität aus dem von ihm bewohnten Land bezieht.

Ihnen nahe zu kommen ist nicht leicht, zu übel wurde ihnen in der Vergangenheit mitgespielt. Kein Wunder also, dass man nicht ohne weiteres zu natürlichen Bildern von ihnen und ihrer Lebensweise kommt. Allzu oft fühlen sie sich von aufdringlichen Photographen um ihre Würde gebracht und ausgebeutet. Wann immer Sie sich also einem privaten Heim oder einer offensichtlich privaten Szene nähern, lassen Sie die Kamera erst einmal in der Tasche. Beginnen Sie lieber ein Gespräch, bringen Sie Ihre Neugier über die fremde Kultur zum Ausdruck, erzählen Sie, woher Sie kommen (Ihr Gegenüber ist vielleicht genauso interessiert an unserer europäischen Lebensweise), bauen Sie eine Brücke. Wenn Sie später Ihren Wunsch zum Ausdruck bringen ein paar Bilder mitzunehmen, die das wirkliche Leben zeigen, wird man ihn dies wohl nicht abschlägig bescheiden.

Auf der anderen Seite gibt es in allen Reservationen immer auch Gelegenheiten, bei denen die offen getragene Kamera nicht stört. Powwows, Rodeos oder Stammesfeste zählen dazu. Hier ist man auf Touristen vorbereitet und Hinweise auf Handzetteln klären über das Erlaubte und Nichterlaubte auf. Zu den wichtigsten Ereignissen dieser Art zählen der *Navajo Nation Fair* in Window Rock/AZ. Die fünftägige Veranstaltung zählt zu den größten stammesübergreifenden Powwows im Südwesten und findet alljährlich Anfang September statt. Etwas traditioneller geht es auf dem *Annual Shiprock Navajo Fair* Anfang Oktober in Shiprock/NM zu. Aktuelle Informationen zur Vielzahl der Veranstaltungen finden Sie unter http://www.powwows.com. Darüberhinaus sind die zahlreichen Chapter Houses, in etwa unseren Rathäusern vergleichbar, eine wertvolle Informationsquelle. Gern wird man Ihnen hier Auskunft geben, welchen Weber oder Töpfer Sie mit der Kamera bei der Arbeit beobachten dürfen. Auf dem Gebiet der Hopi Reservation, die wie eine Insel inmitten des Navajolandes liegt, sind das Photographieren und Filmen übrigens ohne die ausdrückliche Genehmigung der Dorfältesten streng verboten.

Der Hogan, das traditionelle Rundhaus

Wenn Sie alle Schritte der Annäherung richtig hintereinander gesetzt haben und mit Ihrer nicht zu umfangreichen Ausrüstung in einem Hogan, dem traditionellen Rundhaus stehen, stellt sich schnell die Frage nach der richtigen technischen Vorgehensweise. Außer dem durch die wenigen Öffnungen einfallenden Tageslicht wird es kaum eine Beleuchtung geben. Sie können also zunächst dieses gerichtete Licht nutzen, um ein Gesicht, um die Hände des Künstlers oder seine Werkzeuge vom umgebenden Zwielicht abzusetzen. Dazu messen Sie das beleuchtete Motiv an und belichten zur Sicherheit mit +/- $^1/_3$ Stufe um diesen Wert. Andererseits können Sie mit dem entfesselten Blitz künstliches Licht hinzufügen und den Bildern so mehr Hintergrund geben. Das automatische Aufhellblitzen ist für solche Situationen erfunden worden. Ohne Blitzgerät tut es auch ein

Mais zu mahlen ist tägliche Verrichtung und rituelle Handlung zugleich

faltbarer Reflektor oder eine mit Alufolie bespannte Pappe. Das Spiel mit Tageslicht- und Kunstlichtfilm bzw. verändertem Weißabgleich kann die Motive zusätzlich variieren. Ein starkes Weitwinkel-Objektiv ist in solchen Situationen immer gut geeignet, um etwas von der direkten Umgebung mit einzubeziehen, quasi eine Beziehung herzustellen. Umgekehrt isoliert eine Brennweite ab 180 mm das Hauptmotiv. Beides hat seinen Reiz.

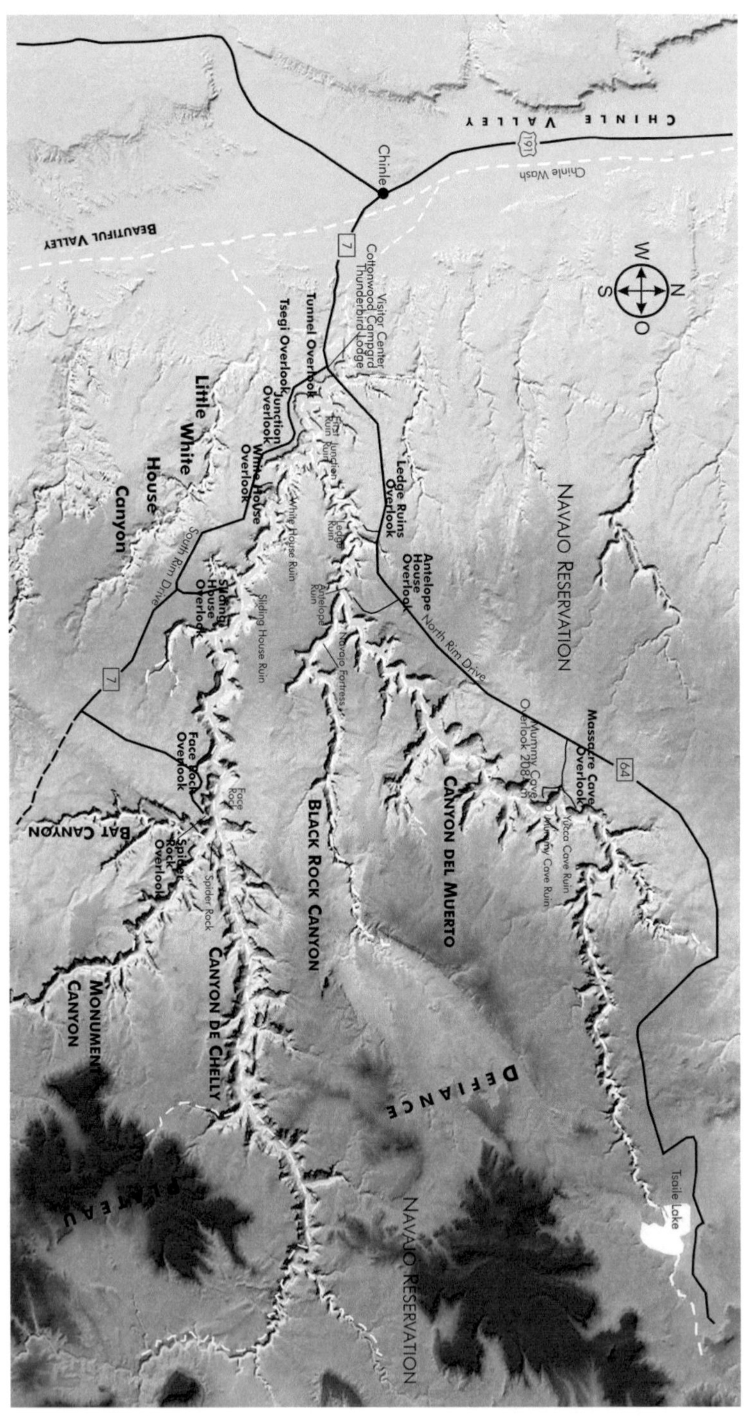
CHINLE VALLEY
191
Chinle Wash
Chinle
BEAUTIFUL VALLEY
7
Visitor Center
Cottonwood Campgrd
Thunderbird Lodge
Tunnel Overlook
Tsegi Overlook
Junction Overlook
First Ruin
Junction Ruin
White House Overlook
White House Ruin
Ledge Ruin
Ledge Ruins Overlook
Antelope House Overlook
Antelope Ruin
Little White House Canyon
South Rim Drive
Sliding House Overlook
Sliding House Ruin
Navajo Fortress
NAVAJO RESERVATION
North Rim Drive
7
Face Rock Overlook
Face Rock
Spider Rock Overlook
Spider Rock
BAT CANYON
BLACK ROCK CANYON
CANYON DEL MUERTO
Mummy Cave Overlook 2081 m
Yucca Cave Ruin
Mummy Cave Ruin
Massacre Cave Overlook
64
MONUMENT CANYON
CANYON DE CHELLY
DEFIANCE
PLATEAU
NAVAJO RESERVATION
Tsaile Lake

Canyon de Chelly National Monument

- *Höhenlage zwischen 1700 und 2100 m*
- *Im Schnitt 800 000 Besucher pro Jahr*
- *Hauptbesuchsmonat ist der Mai*

Wie, Wo, Was

Tiefe grüne Täler umgeben von hoch aufragenden roten Felswänden. - Wenn sich der Dunst des leichten Frühlingsregens verzieht wähnt man sich in einem Paradies grenzenlos intensiver Farben.

Der Canyon de Chelly, das ist jenes Monument, von dessen Namen eigentlich niemand weiß, wie man ihn richtig ausspricht: *„de Schelly"*? oder *„de Schehiji"*? Der Begriff ist eine spanische Abwandlung des indianischen *„tsegi"* und bedeutet soviel wie *„steiniges Tal"*, die Navajo nennen ihn *„d`Shay"*. Aber nicht nur sein Name ist bemerkenswert, sondern auch sein Status, denn er wird vom National Park Service nur unterhalten. Das Besitzrecht an dem Land selbst liegt jedoch seit eh und je in den Händen der Navajos, die es bewohnen und bearbeiten und denen es heilig ist. Aus diesem Grund darf der Talboden auch nicht ohne indianische Führung betreten werden.

Der Canyon de Chelly, Hauptcanyon des Monuments, erstreckt sich mit seinen diversen Seitentälern über rund 27 mi von Westen nach Osten. An seinem westlichen Ende spreizt sich der Canyon del Muerto V-förmig dazu rund 18 mi nach Nordosten ab.

Entstanden ist diese wirklich interessante Schluchtenlandschaft durch die Kraft der in den Chuska Mountains im Osten entspringenden Flüsse. Und vor allem der Tsaile- und der Wiskey Creek führen ihre Arbeit weiter fort, setzen die Canyons bis weit ins Frühjahr unter Wasser und fräsen den Talgrund so tiefer aus. Während der Monsunmonate Juli und August füllen die Wassermassen der heftigen Gewitter oft die Bachläufe und erschweren so auch noch jedem Allradler das Vorwärtskommen am Talgrund.

Besonders beeindruckend ist die ausgefeilte Architektur der sehr gut erhaltenen indianischen Klippenhäuser (Cliff Dwellings) aus der Anasazi Zeit: In wechselnden Höhen auf Vorsprünge und Absätze an den Canyon-wänden gebaut fangen sie geschickt das Licht der niedrig stehenden Sonne während des Winters ein. Vor der Kraft der Sommersonne sind sie jedoch immer durch schattenspendende Überhänge geschützt.

Wegweiser

Der Park liegt nur einen Steinwurf östlich von Chinle. Der North Rim Drive (Rt-7) führt entlang dem Canyon del Muerto, der South Rim Drive (Rt-64) entlang dem Canyon de Chelly. Am Kreuzungspunkt der beiden Rim Drives befindet sich das Besucherzentrum. Bis auf diese beiden Aussichtsstraßen und den kurzen Wanderweg zur White House Ruin ist jeder Zugang in die Canyons ohne Navajo-Führer untersagt.

Übernachten können Sie auf dem kostenlosen Cottonwood Campground am Besucherzentrum (keine Hook-ups für Wohnmobile, First come-First served) und in einer handvoll Hotels in Chinle. Backcountry camping ist ebenfalls nur in Begleitung eines Navajo-Führers gestattet.

Sollten Sie keine Gelegenheit haben, die Coral Pink Sand Dunes in Utah in Ihre Route einflechten zu können, können Sie das hier ausgleichen. Eine knappe Meile südlich der Thunderbird Lodge befindet sich ein ausgedehntes Feld eben solcher pinkfarbener Dünen. Sie liegen so günstig, dass Sie sie gleichgut bei Sonnenauf- oder -untergang aufnehmen können. Zu erreichen ist das Dünenfeld über die an der Thunderbird Lodge nach Osten abzweigende nicht asphaltierte Straße. Nach 1,5 mi biegen Sie nach rechts auf eine Dirtroad ab, die am Rand des Dünenfeldes endet.

Geographische Orientierung und die photogensten Tageszeiten

Der South Rim ist photographisch am einträglichsten, da die Aussichtspunkte hier fast alle nach Norden schauen und man so den ganzen Tag über mit der Sonne arbeiten kann. Am North Rim Drive gehen die meisten Ausblicke nach Osten oder Südosten und nur in einem schmalen Zeitfenster zwischen Mittagszeit und frühem Nachmittag fällt Licht auf die Ruinen der anderen Canyonseite. Der späte Nachmittag ist aufgrund des starken Schattenwurfs der Canyonwände an vielen Locations problematisch.

Canyon de Chelly in den Jahreszeiten

Das Parkgebiet liegt 1680-2130 m hoch. Das Frühjahr ist kühl und windig, Staubstürme kommen häufig vor. Die Temperaturen liegen am Tag zwischen 10°-21° C, aber es kann durch aus auch bis an 0° C hinunter gehen. Die Sommermonate sind mit Tagestemperaturen zwischen 30°-38° C heiß. Nur selten fällt das Thermometer bis auf angenehmere 20° C. Es ist sehr trocken. Im Herbst wird es tagsüber selten kühler als 15° C. Die Regel sind gut zu ertragende Werte in den 20ern. Gewitter sind häufig. Der Winter ist kalt und windig. Nur selten wird es an 15° C warm. Die Regel sind Temperaturen zwischen -6° und 4° C. Es fallen 2-10 cm Schnee. Das Wetter kann in jeder Jahreszeit schnell wechseln.

Motive entlang des South Rim Drive

Tsegi Overlook, 133 m über dem Canyonboden, ist der erste Aussichtspunkt am 30 mi langen South Rim Drive und bietet Blicke auf den lehmigen Chinle Wash und die umgebenden Navajo Farmen und Cottonwoods, die gut mit der braunen Erde und dem dunklen Wasser kontrastieren.

Gegenüber dem **Junction Overlook** und von einem Sandstein-Monolithen markiert mündet der Canyon del Muerto in den Canyon de Chelly. Auf der gegenüberliegenden Seite des Canyons liegt **First Ruin**.

White House Ruin ist der bekannteste Gebäudekomplex im Canyon. Vom Aussichtspunkt (180 m hoch über dem Canyongrund gelegen)

Rote Felsen und reiche Vegetation kennzeichnen den de Chelly

am Rim Drive aus sind die Überreste in ihrer Felsnische zu sehen. Eine Telebrennweite um 200 mm holt sie formatfüllend heran. Am besten am späten Nachmittag, wenn sie vom warmen Licht verwöhnt werden. Noch eindrucksvollere Bilder machen Sie vom Fluss aus. Glücklicherweise ist der 2 km lange Weg (130 m Höhenunterschied, 2 Std. hin und zurück über steile Serpentinen) für Besucher frei gegeben. Auf der anderen Seite des Chinle Wash liegt das in die Felskante gebaute Haus rund 15 m über dem Boden und einem abgezäunten, kleineren Nebenkomplex. Mit einer mittleren Telebrennweite können Sie von hier aus Details aus den alten Bauten heraus lösen. Beide schauen ziemlich genau nach Süden und werden durch Streiflicht von der Seite gut in Szene gesetzt. Allerdings ist die im Südwesten oder Westen stehende Nachmittagssonne noch besser als das Licht am Morgen, das durch den Verlauf des Canyons vielfach abgeschattet wird. Ansel Adams hat White House Ruin in den 1930er Jahren mit seinem berühmten SW-Bild für alle Photographen wirklich unsterblich gemacht: Von einer Anhöhe auf der gegenüberliegenden Seite aus wählte er eine Perspektive ohne die tiefer liegenden Gebäude und betonte so die Lage unter der hoch aufragenden Felswand - kein Problem diese Ansicht heute zu duplizieren und die Details im Dessert Varnish entlang der Felswand über den Ruinen herauszuarbeiten.

Aber auch der Blick in die andere Richtung über den Chinle Wash hält ein

Fruchtbare Landschaft im Canyon de Chelly

gutes Bild bereit: Die sinkende Sonne lässt die roten Canyonwände an klaren Abenden aufleuchten, und sollte der Bach genug Wasser führen spiegeln sie sich darin wieder.

Sechs Meilen weiter auf dem South Rim Drive erreichen Sie über eine kurze Stichstraße **Sliding Rock Overlook** (230 m). Ihm direkt gegenüber liegt, auf einem schmalen Felsvorsprung, Sliding House Ruin.

Bei Meile 14,5 ab dem Visitor Center liegt **Wild Cherry Overlook** oberhalb des gleichnamigen Canyons. Ein Abzweig führt zum **Spider Rock Overlook** (330 m) am Ende der Aussichtsstraße. **Spider Rock,** 270 m hoch, markiert den Zusammenfluss von Canyon de Chelly und Monument Canyon. Über einen kurzen Weg gelangen Sie zu mehreren Aussichtspunkten mit wechselndem Blick. In der Mittagszeit ist das ganze Tal schattenlos-flau erleuchtet. Dramatischer wird es erst am Nachmittag, wenn die schwarzen Schatten der westlichen Canyonwände das Bild beleben. Kurz bevor sie auch die schlanke Felsnadel verschlingen ist der günstigste Aufnahmemoment.

Motive entlang des North Rim Drive

Der North Rim Drive (oder auch Canyon del Muerto) führt über 17,5 mi zu vier Aussichtspunkten. 5 mi hinter der Rio de Chelly Bridge erreicht man **Ledge Ruins Overlook.** Ein Wanderweg führt ein Stück weit nach Süden zum **Dekaa Kiva** Aussichtspunkt mit Blick auf die gleichnamige Ruine.

Quasi gegenüber, durch einen kleinen Seitencanyon getrennt, liegt **Antelope House Overlook,** über eine weitere Stichstraße zu erreichen. An dieser Stelle vereinigen sich Canyon del Muerto und Black Rock Canyon. Antelope House ist die zweitgrößte Ruine des Monuments. Ihre Überreste werden nur in der Mittagszeit von der Sonne erreicht. Ein echtes Weitwinkel um 24 mm ist nötig, um den Komplex der Navajo Fortress samt der sie umgebenden beiden Flussarme einzufangen.

Die beiden letzten Aussichtspunkte im Norden sind, 15 mi entfernt, **Mummy Cave** und **Massacre Cave.** Um Mummy Cave Ruin, den größten Gebäudekomplex, im guten Licht zu erwischen, sollten Sie den North Rim Drive hier nicht zu spät am Nachmittag, nicht nach 16:30 Uhr, beenden.

Ein Trip in den Canyon del Muerto, zu Pferd oder mit dem Jeep, lohnt sich vor allem wegen der außerordentlich gut erhaltenen **Petroglyphen.** Gleich an seiner Mündung in den Canyon de Chelly finden sich einige wunderbare Darstellungen des Flötenspielers **Kokopeli.** Nur vom Talboden aus können Sie

Südrand Canyon de Chelly

gegen Mittag die Petroglyphen und Ritzungen links neben der Antelope Ruin im besten Licht aufnehmen. Nahe der Standing Cow Ruin sind an die 20 Spanier hoch zu Ross im Fels verewigt und erinnern daran, dass die Canyons den indianischen Ureinwohnern als Versteck vor den fremden Eroberern dienten. Leider hält uns ein Zaun rund 30 m von ihnen fern, so dass hier ein Teleobjektiv von mehr als 300 mm Brennweite angesagt ist.

Spider Rock - Der Hingucker

Motive in den Canyons

Zwischen Juni und September können Sie an den von Navajo Guides geführten Einzel- und Gruppentouren in die Canyons teilnehmen. Die Halbtagestouren gehen in der Regel bis White House Ruin im Canyon de Chelly und Antelope House Ruin im Canyon del Muerto. Die Ganztagestouren erschließen darüber hinaus auch Spider Rock und Mummy Cave. Die Preise beginnen bei 60 $ pro Person. Aber alles ist immer abhängig von der Befahrbarkeit des 4WD-Tracks in den Canyons, also den Wetterverhältnissen. Auf diesen Gruppenveranstaltungen gibt's allerdings nur kurze Stops und somit nur mäßige Möglichkeiten für den anspruchsvollen Photographen. Da sind Individualtouren zwar teurer, aber auch besser. Geführte Touren im gemieteten SUV kosten für 1-3 Personen und 3 Std. gute 180 $, jede weitere Stunde schlägt mit rund 50 $ zu Buche. Für Touren im eigenen SUV liegt der Stundensatz bei gut 40 $. Für geführte Wanderungen berechnen die Navajoguides ab 25 $ pro Stunde (1-15 Personen). Da Sie die meisten Motive im Canyon de Chelly gut vom Rim Drive aus aufnehmen können, der Canyon del Muerto aber die größere Anzahl Felszeichnungen aufweist, ist eine geführte Wanderung dorthin attraktiver. Viele Navajoguides bieten ihre Dienstleistungen mittlerweile im Web an und zumindest in der Hauptreisezeit tut man gut daran, auf diesem Weg vorab zu reservieren.

White House Ruin -
Von Ansel Adams unsterblich verewigt

Um die teils versteckten Felszeichnungen aufzunehmen, muss häufig privates Land durchquert werden. Dazu ist es notwendig, schon vorher im Besucherzentrum die Genehmigung der Eigentümer einzuholen. Aber selbst wenn man die erhält, ist es immer noch schwierig genug zu guten Bildern zu kommen, denn zahlreiche andere Restriktionen erschweren den Zugang. Ackerflächen z.B. dürfen nicht betreten werden und es ist nicht gestattet, die Felsen zu den Zeichnungen hinaufzuklettern. Aus diesen Gründen sollten Sie auch auf den Touren lange Brennweiten ab 300 mm mitführen. Eins der herausragenden Rock Art Panele, bei denen all diese Vorschriften greifen, ist das spektakuläre Narbona Expedition Panel nahe Standing Cow Ruin. Blue Bull, ebenfalls im Canyon del Muerto, weist dagegen nicht weniger schöne Zeichnungen auf und ist ohne Probleme zu photographieren.

Minimalprogramm und Tagesablauf

Ein Nachmittag, um wenigstens ein paar der vielen Motive entlang der South Rim Road aufzunehmen, die dies feine Licht erfordern. Zwei Tage sind besser, um zunächst in Ruhe die beiden Rim Drives zu absolvieren und danach auf jeden Fall eine Tagestour in den Canyon de Chelly oder den Canyon del Muerto zu unternehmen.

Schutzland oder Nutzland?

National Parks und National Forste grenzen an vielen Stellen eng aneinander und sie zu unterscheiden ist oft gar nicht so einfach. Dabei gibt es durchaus fundamentale Unterschiede zwischen beiden. Die National Parks arbeiten im Spannungsfeld zwischen der Bewahrung unberührter Landschaften oder kultureller Denkmäler und der Bereitstellung von Erholungsmöglichkeiten für die Bevölkerung. Wie schmal dieser Grat zwischen Schutz auf der einen und Zugang auf der anderen Seite ist, zeigt sich in den besonders stark frequentierten Parks wie Grand Canyon oder Yosemite sehr deutlich. Löschen oder nicht löschen war darüberhinaus eine Frage und Ausgangspunkt einer Diskussion, die die großen Waldbrände der vergangenen Jahre entfacht haben. Durch Blitzschlag ausgelöste Brände sind eine ganz natürliche Sache, die dazu beiträgt, die Wälder jung zu halten, für manche Arten sind sie maßgebend für die Fortpflanzung. Was aber, wenn sie weite Teile des Yellowstone National Parks verheeren? Darf man korrigierend eingreifen oder muß man der Natur ihren Lauf lassen ? In solchen Fragen hat es der National Forest Service leichter. Er arbeitet unter der Maßgabe der „mehrfachen Nutzung der Ressourcen zum Wohle der amerikanischen Menschen". Der Schutz und die ökologische Qualitätssicherung dienen hier in erster Linie der fortgesetzten wirtschaftlichen Nutzung des Landes zum Holzeinschlag, als Weideland, zur Jagd und zur Erholung. Beide Behörden weisen aber auch wilderness areas aus, die, von jeder kommerziellen Nutzung freigehalten, die Landschaft in ihrer ursprünglichen Form erhalten sollen.

Petrified Forest National Park

- *Zwischen 1642 und 1900 m hoch gelegen*
- *Im Schnitt 520 000 Besucher pro Jahr*
- *Hauptbesuchsmonate sind Juni und August*

Wie, Wo, Was

Auf wunderbare Art verbindet die Wüste Arizonas hier die Wissenschaft, in Form der größten Ansammlung versteinerten Holzes weltweit, mit der landschaftlichen Schönheit der Painted Dessert. Letztere nimmt den weitesten Teil des Parks nördlich der I-40 ein und verdient ihren Namen durch die wunderbaren Farben der mineralischen Verunreinigungen und Metalloxyde, die die erodierten Flächen der Badlands in allen Farbtönen von Rot, Braun, Blau und Gelb schimmern lassen.

In der Mitte des langgezogenen Parkgebiets finden sich mit Puerco Indian Ruin und Agate House teilweise restaurierte Anasazi Wohnstätten und eine große Anzahl Petroglyphen. Größter Anziehungspunkt ist allerdings das noch immer reichlich vorhandene versteinerte Holz im Südteil.

Auch nach 200 Millionen Jahren lassen sich noch immer die Feinheiten der Zellstruktur und die Jahresringe in den Überresten der Koniferen erkennen. Lösliche Quarze machten es möglich, dass Holz zu Stein wurde. Mehr als 100 Arten fossiler Pflanzen und Tiere sind bis heute in den Versteinerungen des Parks bestimmt worden.

Angesichts der heutigen trockenen Verhältnisse in dieser Gegend ist es nur schwer vorstellbar dass sie schon vor 10 000 Jahren besiedelt wurde. Das lange sehr viel freundlichere Klima sicherte den Mogollon-, Sinagua- und Anasazi Indianern bis ins 15. Jahrhundert hinein eine Lebensgrundlage.

Hatten sich zunächst nur Trapper und Kavalleristen die Satteltaschen mit versteinertem Holz gefüllt, so begann mit dem Bau der Eisenbahn in den 1880ern der Abtransport des begehrten farbigen Materials im großen Stil. Erst 1906 setzten sich die Schutzbestrebungen durch und Teddy Roosevelt erklärte Rainbow und Jasper Forest zum zweiten National Monument. Vollen National Park Status erlangte das erweiterte Gebiet erst 1962. Selbstverständlich ist es streng verboten Teile der Versteinerungen aus dem Park zu entfernen. Die geregelten Öffnungszeiten sind eine Maßnahme dagegen.

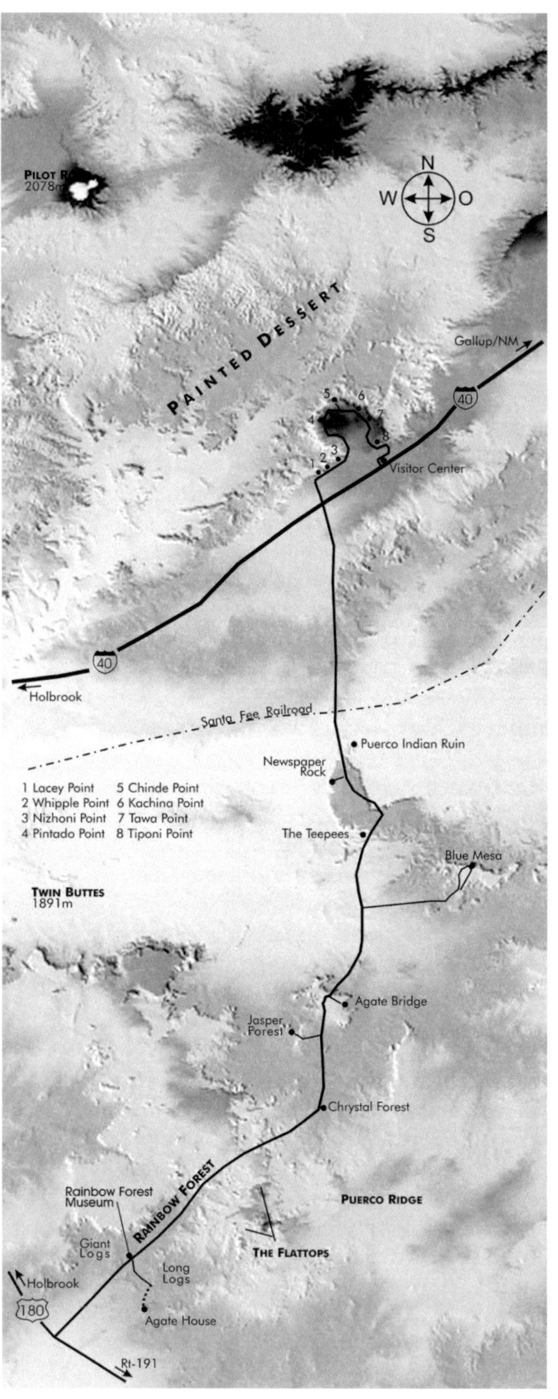

Wegweiser

Die I-40 teilt das Parkgelände in einen Nord- und einen Südteil und bietet über die Ausfahrt 311 den einfachsten Zugang. Eine 28 mi lange Parkstraße verbindet das Besucherzentrum nahe der Interstate mit dem Südeingang an der Rt-180. Dort befindet sich auch das Rainbow Forest Museum mit einer Ausstellung zur Entstehung des versteinerten Holzes.

Es gibt keinerlei Unterkunftsmöglichkeiten im Park, allerdings darf man mit einem kostenlosen Permit aus dem Visitor Center im Wilderness Area nördlich der Interstate campieren. Übernachtungsmöglichkeiten finden sich je 20 mi östlich oder westlich in Chambers oder Holbrook.

Der Park ist von 08:00 bis 17:00 Mountain Standard Time geöffnet und das ist ein photographisches Hindernis. Sie bedeuten, dass Sie die besten Zeiten zu Sonnenauf- und Untergang nicht wirklich voll nutzen können. Um damit im Winter klar zu kommen, müssen Sie die kürzesten Tage für den Besuch reservieren. Am 01.12. fällt der Sonnenuntergang auf 17:07 Uhr. Für das Frühjahr empfiehlt sich Mitte Februar, wenn die Sonne am 15.02. um 18:01 Uhr untergeht. In den Sommermonaten sind die Anfangs- und Enddaten am besten geeignet: 01.05. SU 19:05 Uhr, 01.09. SU

18:45 Uhr. Je später Sie im Herbst anreisen, umso besser: 15.10. SU 17:43 Uhr.

Nach der geltenden Regel sollten Sie sich zur Schließzeit im Auto befinden und auf dem Weg aus dem Park hinaus sein. Für diese Strecke steht Ihnen 1 Std. zur Verfügung. Offiziell dürfen Sie dabei nicht anhalten, die Ranger sind jedoch in der Regel tolerant, wenn Sie sehen, dass ein Photograph nur das letzte Licht abgewartet hat und schon dabei ist einzupacken.

Arizona beachtet im Gegensatz zu den meisten anderen Staaten nicht die Sommerzeit (Daylight Saving Time). Was das Ganze zuweilen etwas kompliziert ist, dass die im Nordosten Arizonas gelegene Navajo Reservation dies tut – Lassen Sie sich also nicht konfus machen!

Geographische Orientierung und die photogensten Tageszeiten

Die eingeschränkten Öffnungszeiten erschweren es beachtlich, das feine Licht der niedrig stehenden Sonne am Morgen und Abend für wirklich gute Bilder im Park zu nutzen. Im Nordteil schaffen Sie das nur, wenn Sie in der Black Forest Wilderness campen. Unter diesen Umständen teilen Sie den Tag am besten ein, wenn Sie den Park vom Südeingang her aufrollen und ihn entweder auf der Blue Mesa oder im Nordteil ausklingen lassen. Beide sind höher gelegen und damit für den späten Nachmittag prädestiniert.

Petrified Forest in den Jahreszeiten

Die Sommer sind mit Temperaturen bis zu 32° generell heiß. In den Nächten kühlt es sich dann bis auf 10-15° C ab. Zwischen Juli und September gibt es vor allem nachmittags gern einmal ein kräftiges Gewitter. Diese Schauer liefern 40 % des jährlichen Niederschlags von 25 cm. Die damit einhergehenden Wolken beleben dann den Himmel und erhöhen seinen Kontrast zum Vordergrund wohltuend. Die Höhenlage von mehr als 1500 m sorgt für kalte Winter mit Tagestemperaturen zwischen 5-10° C und Nachtwerten um -6° C, die aber auch bis auf -15° C fallen können. Schneefall ist möglich, kommt nur eher selten vor. Frühjahr und Herbst können glühend heiß oder mäßig kalt sein, bringen in jeder Hinsicht also das abwechslungsreichste Wetter. In jeder Jahreszeit können heftige Winde auftreten.

Motive entlang der Parkroad im Südteil

Der Rainbow Forest ist die erste Station hinter der südlichen Eingangsstation. Direkt in der Umgebung des Rainbow Forest Museums finden Sie die mächtigsten versteinerten Bäume und Baumstücke mit einem Durchmesser von mehr als 3 m. Auf einem kurzen Rundweg gelangen Sie in gute Aufnahmepositionen ganz nah an die wunderbar farbigen Exemplare. Ein leichter Aufhellblitz aus der Hauptlichtrichtung hilft oft Abschattungen auf der unebenen Oberfläche zu vermeiden.

Versteinertes Holz auf der Blue Mesa

Auf der anderen Seite der Park Road beginnt ein rund 1 km langer Trail, der Sie zu den Long Logs und zum Agathe House führt. Im Gegensatz zum Rainbow Forest wird dieser Teil von nur wenigen Besuchern frequentiert, was gut ist, um konzentriert mit der Kamera zu arbeiten. Zudem geben die Badlands dort einen hervorragenden Hintergrund für die am Weg liegenden versteinerten Klafter ab. Agathe House ist ein ehemaliger Anasazi-Pueblo. Das Besondere: Das bis ins 14. Jahrhundert bewohnte Gebäude war ganz und gar aus Stücken versteinerten Holzes erbaut! Zwei der ehemals sieben Räume wurden vom National Park Service restauriert.

Nachdem Sie die Anhöhe The Flattops überquert haben, erreichen Sie Crystal Forest. Auch dort gibt es entlang eines kurzen Trails einige mächtige Exemplare versteinerten Holzes zu sehen, die in unterschiedlich lange Stücke zerfallen sind. In diesem Parkteil ist die Landschaft flach und der wenige Niederschlag lässt nur niedrige Büsche gedeihen. Es ist also wenig Hintergrund zu holen und so konzentriert man sich am besten auf Makrostudien.

Jasper Forest gibt in seinem Namen einen Hinweis auf einen Stoff, den die Versteinerungen enthalten, Jaspis. Wahllos verteilt liegen die kleinen und großen Überreste dort in der Ebene und geben gute Motive für das Vormittagslicht ab.

Etwas weiter nördlich führt ein Abzweig von der Parkstraße nach Osten zur Blue Mesa. Diese wundersame Mondlandschaft ist der Höhepunkt des Parks. Die Sedimente dieser Badlands haben den Kräften von Wind und Wasser wenig entgegenzusetzen, bis zu 7,5 cm können in nur 10 Jahren abgetragen werden und so finden sich hier die unglaublichsten Formen. Mit einer kurzen Brennweite lassen sich starke Photos der vielen versteinerten Holzstücke vor dem eigentümlich blau gefärbten Hintergrund der Badlands gestalten.

Die farbigen Formationen der Painted Desert

Je nach Tageszeit und Bewölkung wechseln diese ihre Farbe von Blau nach Purpur oder Cremeweiß. Der 1,6 km lange Blue Mesa Trail führt als Rundweg durch diese wirklich sehenswerte Landschaft. Je später Sie am Nachmittag dort sind, umso besser ist das Licht.

Wahllos verstreut - Versteinertes Kleinod

Wieder herunter von der seichten Anhöhe der Blue Mesa erreichen Sie mit dem Gebiet der Teepees einen weiteren spektakulären Landschaftsteil. Die von der Erosion konisch geschliffenen Hügel verdanken ihre bemerkenswerte Farbe den starken Eisen- und Manganablagerungen. Die Namengebungen erschließen sich auf den ersten Blick! Auch dort ist das Nachmittagslicht gut, um direkt vom Parkplatz aus zu photographieren.

Newspaper Rock liegt gleich anschließend an einer kurzen Stichstraße und zeigt eine ganze Anzahl gut erhaltener Anasazi Petroglyphen. Leider kann er nicht aus der Nähe, sondern nur vom höher liegenden Aussichtspunkt aus betrachtet werden. 300, besser 400 mm Brennweite sind nötig, um gute Bilder zu machen.

Puerco Ruin ist eine von mehr als 300 Indianischen Ruinen im Park. Dieser Pueblo in Adobe-Bauweise war zwischen 1100 und 1300 n.Chr. von rund 60 Menschen bewohnt. Im und um den Petrified Forest NP befindet sich mit 16 Solarkalendern die größte derartige Ansammlung im Südwesten der USA. Hier am Puerco Pueblo können Sie einen seit mehr als 1000 Jahren funktionierenden Sonnenkalender beobachten, der die längsten Tage des Jahres anzeigt. In einem Zeitraum von gut zehn Tagen um die Sommersonnenwende am 21. Juni trifft die Sonne dort auf einen bestimmten Felsen und wandert als senkrechter Strich entlang seiner Seitenfläche bis zu einer kleinen spiralförmigen Petroglyphe, die sie zwischen 8:30 und 9:00 Uhr erreicht. Die

Ein annähernd vollständig versteinert erhaltener Baumstamm

Die Formationen der Teepees im Zentrum des Parks

Bestimmung eines zeitlichen Fixpunktes im Jahresverlauf war also schon für die indianischen Ureinwohner wichtig, um die Termine für Aussaat und Ernte zu errechnen. Ein Arrangement, um außerhalb der hellen Tagesstunden in den Park zu gelangen, kann sich hier auszahlen. Geringe Umgebungshelligkeit vorausgesetzt können Sie dem Felsen und der Petroglyphe vor dem nicht ganz dunklen Himmel mit der Taschenlampe eine mythische Anmutung verleihen. Ein wandernder Lichtpunkt simuliert dabei in einer Langzeitbelichtung die vergehende Zeit.

Motive im Nordteil

Der Teil des Petrified Forest NPs nördlich der I-40 (auch: Painted Dessert Section) ist zwar erheblich kleiner als jener im Süden, der (durch die Straße) erschlossene Anteil ist aber ungefähr gleich groß. Er beschränkt sich dort auf den Kopf jener Mesa, die die Painted Dessert und den Lithodendron Wash überblickt. An dieser wenige Kilometer langen Strecke, der Fortsetzung der Park Road aus dem Südteil bis zur Anschlußstelle 311 der I-40 liegen acht Aussichtspunkte. Sie unterscheiden sich in dem Ausblick, den sie bieten: Aus dem Süden kommend offerieren Lacey Point, Whipple Point und Nizhoni Point sehr abwechslungsreiche Ansichten der wunderbar weich erodierten Badlands im Nordwesten. Dort hält man sich mit der Kamera am besten so spät wie möglich am Nachmittag auf, wenn das warme Licht der tief im Westen stehenden Sonne die rot- und braungesprenkelte Landschaft belebt. Schatten lockern dann die Landschaft auf und die natürlichen Rottöne werden intensiviert. Chinde Point öffnet den weitesten Blick auf die Painted Dessert. Bis zu 100 mi weit reicht der Blick von hier oben an klaren Tagen. Auch hier sind es vor allem Eisenoxyde, die für die spektakulären Farben des Bodens sorgen. Kachina Point, Tawa Point und Tiponi Point schauen mehr nach Nord-

Versteinertes Holz im Jasper Forest

westen über Lithodendron Wash und den langgestreckten Rücken der Mesa. Dort ist die Tageszeit unkritischer, so dass Sie auch vormittags ansehnliche Bilder aufnehmen können.

Ein ansehnlicher Abschnitt des Nordteils ist als Black Forest Wilderness Area ausgewiesen. Black Forest wegen der ausgesprochen dunklen Färbung des versteinerten Holzes dort, welche es stark von dem im Südteil unterscheidet. In diesem weiten Gelände dürfen Sie nach Herzenslust zu Fuß herumstreifen. Nur längere Campingaufenthalte bedürfen eines kostenlosen Permits. Denken Sie aber in jedem Fall daran, genug Wasser einzupacken. Mindestens 1 Gallone pro Person und Tag. Am ergiebigsten ist der Weg durch den Lithodendron Wash und ein paar der von ihm abzweigenden Canyons. Dort finden Sie überall versteinerte Holzstücke.

Pilot Rock ist der mit mehr als 2000 m höchste Punkt im Park und damit für Übersichten der Painted Dessert am frühen Morgen oder späten Nachmittag am besten geeignet. Da er über einen 9,6 km langen Weg ab Kachina Point zu erreichen ist, bietet er sich als Übernachtungsziel im Wilderness Area an.

Minimalprogramm und Tagesablauf

Ein ganzer Tag, der am Südeingang beginnt, Sie früh zum Jasper Forest und auf den Blue Mesa Trail führt und mit dem Sonnenuntergang im Nordteil endet.

Wupatki- und Sunset Crater National Monuments

- Wupatki liegt auf 1500 m Höhe, Sunset Crater auf 2100 m
- 215 000 Menschen besuchen jährlich Wupatki NM,
  100 000 den Sunset Crater
- Hauptbesuchsmonat ist für beide NMs der Juli

Wie, Wo, Was

Die National Monuments Wupatki und Sunset Crater liegen 14 mi voneinander entfernt an einem 35 mi langen Rundkurs nördlich von Flagstaff. Die Strecke führt durch eine abwechslungsreiche Landschaft aus Lavafeldern, Bäumen und grasbestandener Prärie. Zwischen ihnen erstreckt sich der Coconino National Forest. Beide Parks verfügen über je ein eigenes Besucherzentrum und sind immer von Sonnenaufgang bis Sonnenuntergang geöffnet. Außer dem Campingplatz am Südeingang, geöffnet vom 15. April bis 15. November, gibt es keine weiteren touristischen Services.

Die roten Ziegel des Wupatki Pueblo brauchen das flache Licht am Morgen oder Abend, um ihre volle Leuchtkraft zu entfalten. Die schwarzen Lavafelder des Sunset Craters im Süden bieten dagegen auch im Mittagslicht genug Kontrast für gute Aufnahmen. Da der Blick auf den roten Kegel des Sunset Crater aber bei Sonnenuntergang am besten ist, sollten Sie die Runde morgens im Norden beginnen.

Wupatki und Sunset Crater in den Jahreszeiten

Die Tagestemperaturen können im Sommer leicht 38° C übersteigen (26° C im Sunset Crater NM). Zwischen Juli und September gibt es nachmittags gern mal ein Gewitter. Frühjahr und Herbst bringen normalerweise angenehm milde Temperaturen. Rund um den Sunset Crater kann es jedoch gern einmal schneien. Die Winter sind mäßig kalt mit gelegentlichem Schnee und Temperaturen unter 0° C. Aufgrund seiner geringeren Höhenlage ist es in Wupatki normalerweise 10 ° C wärmer als in Flagstaff oder auch rund um den Sunset Crater. Seien Sie in jedem Fall auf abwechslungsreiche und teilweise extreme Wetterbedingungen vorbereitet.

Bevor Sie Wupatki von der Rt-89 aus erreichen, durchqueren Sie eine hügelige, steppenartige Landschaft, von einigen Utah Junipers und niedrigen Gräsern bestanden, die im Licht der tiefstehenden Sonne aufleuchten.

Der Park schützt in der Hauptsache fünf indianische Ruinenstätten, von Einzelhäusern und Lagerräumen bis zum dreistöckigen Wupatki Pueblo, erbaut im 12. Jahrhundert n. Chr. als hier rund 100 Menschen lebten.

Warum haben die Hopi- und die Zuni Indianer gerade hier gebaut? Wenn man den Ort einen Augenblick auf sich wirken lässt, wird klar,

Wupatki und Sunset Crater liegen in einer dicht mit Buschwerk und niedrigem Präriegras bestandenen weiten Ebene

dass er auf einem Hügel steht, von dem aus ein ansehnliches Stück der Umgebung zu überblicken ist. Diese exponierte Lage und die Nähe zu den heiligen Gipfeln der San Francisco Peaks im Südwesten mögen ihnen damals die Wahl des Bauplatzes erleichtert haben.

Das Hintergrundwissen ermöglicht es uns heute, die Bauten in einen Zusammenhang mit der Landschaft zu stellen, Motiv und Ausschnitt entsprechend zu wählen und den leuchtenden roten Steinen über ihren Kontrast zum blauen Himmel hinaus ein aussagekräftiges Bild abzuringen. Von einem erhöhten Standpunkt aus lassen sich die wechselseitigen Schattenwürfe kreativ mit ins Bild einarbeiten. Viele Überreste können

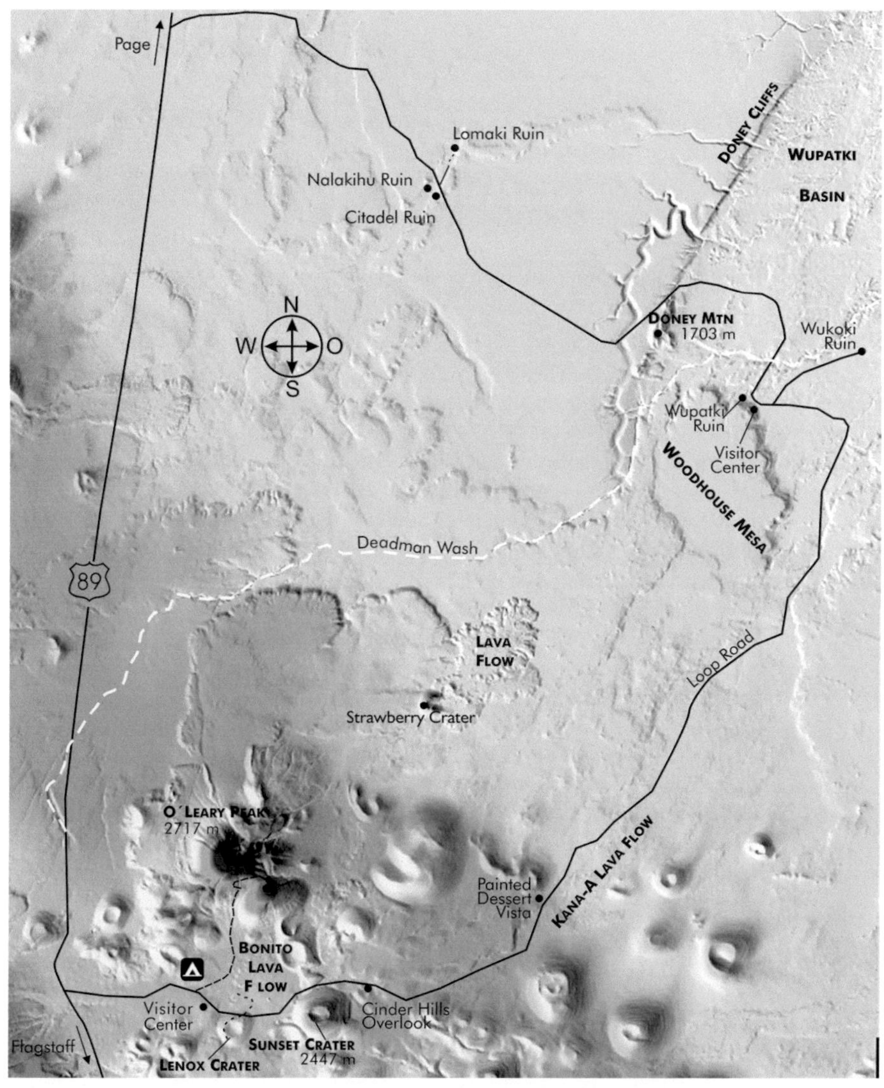

auch mit Hilfe der schmalen Gänge und rekonstruierten Türrahmen eingefasst werden. Ein per Polarisationsfilter abgedunkelter Himmel verhilft zu zusätzlicher Dramatik. Die schwarze Asche, die die Umgebung heute noch bedeckt, stammt vom Ausbruch des Sunset Crater Vulkans im Jahr 1064 n. Chr.

Motive in Wupatki

Von Westen kommend erreichen Sie zuerst die Dreiergruppe von Citadelle, Nalakihu- und Lomaki Ruin. Die Citadelle war einmal ein besonders wehrhaft ausgebautes Wohnhaus. Vom Mile Marker 10 aus bietet

Neben dem Sunset Crater erheben sich noch mehrere andere erloschene Vulkane über die Ebene nördlich von Flagstaff

sich ein sehr schöner Blick auf Mt Humphreys und die San Francisco Peaks im Westen. Lomaki liegt nördlich der Citadelle und weist aufgrund der spärlichen Überreste nur eingeschränkte Kompositionsmöglichkeiten auf. Eine gute Übersicht können Sie von der kleinen Anhöhe aus aufnehmen, die der kurze Weg überwindet. Besonders positiv an der Dreiergruppe ist, dass nur wenige Besucher hier Halt machen und man so viel Ruhe hat, um einen eigenen Blickwinkel zu suchen.

Ein Stück weiter auf der Loop Road erreichen Sie Doney Mountain Parking Area von dessen erhöhter Lage aus Sie einen weiten Blick über das gesamte Gebiet der zwei Parks haben.

Die ausgedehnten Hinterlassenschaften der Wupatki Ruins nahe dem Visitor Center bestehen aus den unterschiedlich hohen Räumen des Pueblos und einigen Außenanlagen wie dem Ballspielplatz und einem vielleicht ehemals überdachten Versammlungsbereich. Ein asphaltierter Weg mit markierten Stops für die unterschiedlichen Ansichten verbindet alle Teile miteinander. Die höher gelegenen Punkte zu Beginn befinden sich am Morgen in optimalem Winkel und Entfernung für das besonders akzentuierende Licht. Am Nachmittag müssen Sie sich auf der Westseite ein wenig entfernen, um in gute Aufnahmepositionen zu kommen. Hier werden Sie fast immer auf viele Besucher treffen, die Ihnen durchs Bild laufen.

Gegenüber dem Besucherzentrum zweigt eine kurze Straße zur Wukoki Ruin ab. Die Überreste dieses Pueblos stehen auf einer Anhöhe über dem Deadman Wash und bieten gute Kompositionsmöglichkeiten für kurze Brennweiten. Auch hier werden Ihnen normalerweise nur wenige andere Besucher begegnen.

Bonito Lava Flow und die umliegenden kohlrabenschwarzen Lavafelder des Sunset Craters zählen zu den wohl ungewöhnlichsten Motiven im Grand Circle.

Die markante rote Kappe des Sunset Crater Vulkans

Die schwarze Lava sorgt für spektakuläre Kontraste zu den grünen Pinien, zu den Wildblumen und den weißen Birken - Motive, die man so in dieser Landschaft nicht erwarten würde. Mit den weichen Rundungen der schwarzen Aschekegel und rauhen Oberflächen der erkalteten Lava können Sie gut experimentieren, sie bildlich auf ihre ursprünglichen Formen zurückführen und abstrahieren.

Schöner Kontrast: Rote Ziegel und grüne Vegetation

Prominenteste Erhebung ist der 300 m hoch aufragende Kegel des Sunset Crater. Die leuchtende Rotfärbung rührt von seinem letzten Ausbruch vor 900 Jahren her, bei dem viel eisenhaltiges Material ausgeworfen wurde und sich um den Krater herum ablagerte.

Während des Herbstes legen vor allem die Espen ein wunderbares gelbes Kleid an und der Winter zaubert einen zarten weißen Überzug auf den schwarzen Mantel der Lavaströme.

Die Belichtung kann aufgrund der vielfach überproportional großen schwarzen Lavaflächen, die den Belichtungsmesser täuschen, schwierig sein. Eine Graukarte und Belichtungsreihe helfen dem Analog-Photographen, Fehlbelichtungen zu vermeiden. Die digitale Technik hält in den meisten Kameramodellen mit dem Histogramm eine Funktion bereit, die man auch zur Belichtungseinstellung nutzen kann. Drängen sich seine Balken am linken Ende, ist das ein Hinweis auf Unterbelichtung. Eine längere Belichtungszeit, größere Blende oder höhere ISO-Einstellung verschieben so ein Histogramm nach rechts und leisten Abhilfe. Ist es dagegen stark rechtslastig, kann Überbelichtung vorliegen. In diesem Fall ist eine kürzere Belichtungszeit, eine kleinere Blende oder niedrigere ISO-Einstellung angesagt. Standardmäßig und vor allem in solch schwierigen Situationen wie hier, sollten Sie das Histogramm mittels Zeit und Blende so weit nach rechts regeln, dass gerade noch keine Tonwerte in den Lichtern abgeschnitten werden. Dies Clipping wird durch blinkende Bildbereiche auf dem Kameramonitor angezeigt. So wird das

Überreste der Zitadelle

Die bewußt herbeigeführte Silhouettenwirkung unterstreicht die mystische Wirkung der alten Ziegelbauten

Bild zwar überbelichtet, aber die Helligkeit kann bei der Nachbearbeitung am PC problemlos richtig eingestellt werden. Diese Technik wird Expose-To-The-Right (ETTR) genannt und sorgt dafür, dass die Aufnahme durch die eigentlich zu hohe Belichtung ein besseres Signal-Rausch-Verhältnis aufweist und aus diesem Grund schärfer erscheint.

Motive am Sunset Crater

Von Wupatki kommend erreichen Sie zuerst den hoch gelegenen Aussichtspunkt Painted Desert Vista mit gutem Blick auf die gerade durchquerte Graslandschaft in der Nähe und die Painted Desert mit dem Little Colorado River in der Ferne. Dieses Panorama braucht das akzentuierende flache Licht des Vormittags oder Nachmittags, um Wirkung zu zeigen.

Am Cinder Hills Overlook, der den Sunset Crater von seiner unspektakulären Ostseite zeigt, erreichen Sie die Parkgrenze des Sunset Crater National Monuments und nach einer Gefällstrecke den Bonito Lava Flow. Der markierte, nur 1,6 km lange Lava Flow Nature Trail führt als Rundweg durch dieses zweitgrößte Lavafeld im Park. Auf halbem Weg, nahe dem Making of the Mountain Marker, können Sie einige einzeln stehende Bäume an der schwarzen Flanke des Sunset Crater gegen den blauen Himmel photographieren. Gegen Ende des Weges am Sunset Crater Marker haben Sie den besten Blick auf die rote Haube des Vulkans. Hier finden sich im Frühjahr viele Wildblumen, die in schönem Kontrast zu dem dunklen Untergrund stehen.

Der Lenox Crater Trail steigt kurz aber steil zum Rand des gleichnamigen Vulkankraters hinauf, von wo aus Sie einen schönen Blick in den Lenox Crater und auf die dahinter liegenden San Francisco Peaks sowie aus höherer Perspektive auf die schwarzen Flanken des Sunset Crater haben, der selbst nicht bestiegen werden kann.

Ziegelüberreste des Wupatki Pueblo

Gegenüber dem Visitor Center, das auch eine seismologische Station beherbergt, zweigt eine Dirtroad zum Campingplatz des Forest Service ab (keine Hook-ups, 35 ft maximale Wohnmobillänge), die weiter bis zur Basis des 2717 Meter hohen O'Leary Peak führt. Ein einigermaßen geländegängiges Fahrzeug vorausgesetzt lohnt der Ausblick an einem klaren Abend die holperige Fahrt

Stilleben in der Asche. Vorsicht bei der Belichtungsmessung!

hinauf. Erkundigen Sie sich im Visitor Center nach dem Straßenzustand und fragen Sie, ob sie für den Privatvehrkehr wiedereröffnet ist. Sofern die Staubstraße geschlossen ist, führt nur der 11 km lange O'Leary Peak Trail hinauf (hin und zurück 4-5 Std.).

Kurz bevor Sie nun wieder auf die Rt-89 stoßen passieren Sie, passend zum Sonnenuntergang, der die markante rote Kappe des Vulkans aufleuchten lässt, linker Hand den besten Aussichtspunkt auf den Sunset Crater an einer großen Wiese. Im Frühjahr und Sommer ist sie dicht mit Wildblumen bestanden, die, zusammen mit dem hohen Gras, einen wunderbaren Vordergrund für den in der Abendsonne leuchtenden Krater abgeben.

30 mi östlich von Flagstaff liegen die aus dem 19. und 20. Jahrhundert stammenden Überreste der Ghosttown Two Guns direkt an der I-40 (eigene Ausfahrt). Das weitläufige Gelände ist zwar zum Schutz vor Vandalismus eingezäunt, doch gibt es neben einer stattlichen Anzahl kleinerer Gebäudereste die alte Brücke über den Canyon Diablo, die Reste des Zoos und eines Campingplatzes sowie einer Tankstelle zu sehen. Der kurze Abstecher lohnt sich ganz besonders, da viele Bauten aus den 1920er und 30er Jahren und damit der Blütezeit der legendären Rt-66 stammen.

Predict a Rainbow...

Regenbögen sind schön anzusehen und zu photographieren. Wenn man weiß wo man nach ihnen Ausschau halten muß kann man sie sogar vorhersagen, denn Bögen mit einem Radius von 42 ° entstehen immer genau gegenüber der Sonne im sogenannten Anti Solaren Punkt, wenn das Sonnenlicht durch einen Vorhang feiner Wassertröpfchen fällt. An ihnen bricht es sich und wird genau wie beim Prismaversuch im Physikunterricht in seine Spektralfarben Rot, Orange, Gelb, Grün, Blau, Indigo und Violett aufgefächert. Belichtungstechnisch sollte man wissen, daß es innerhalb des Bogens normalerweise eine Stufe heller ist als außerhalb. Um die Farben korrekt wieder zu geben ist eine Belichtungsreihe in $^1/_3$-Stufen Schritten angeraten.

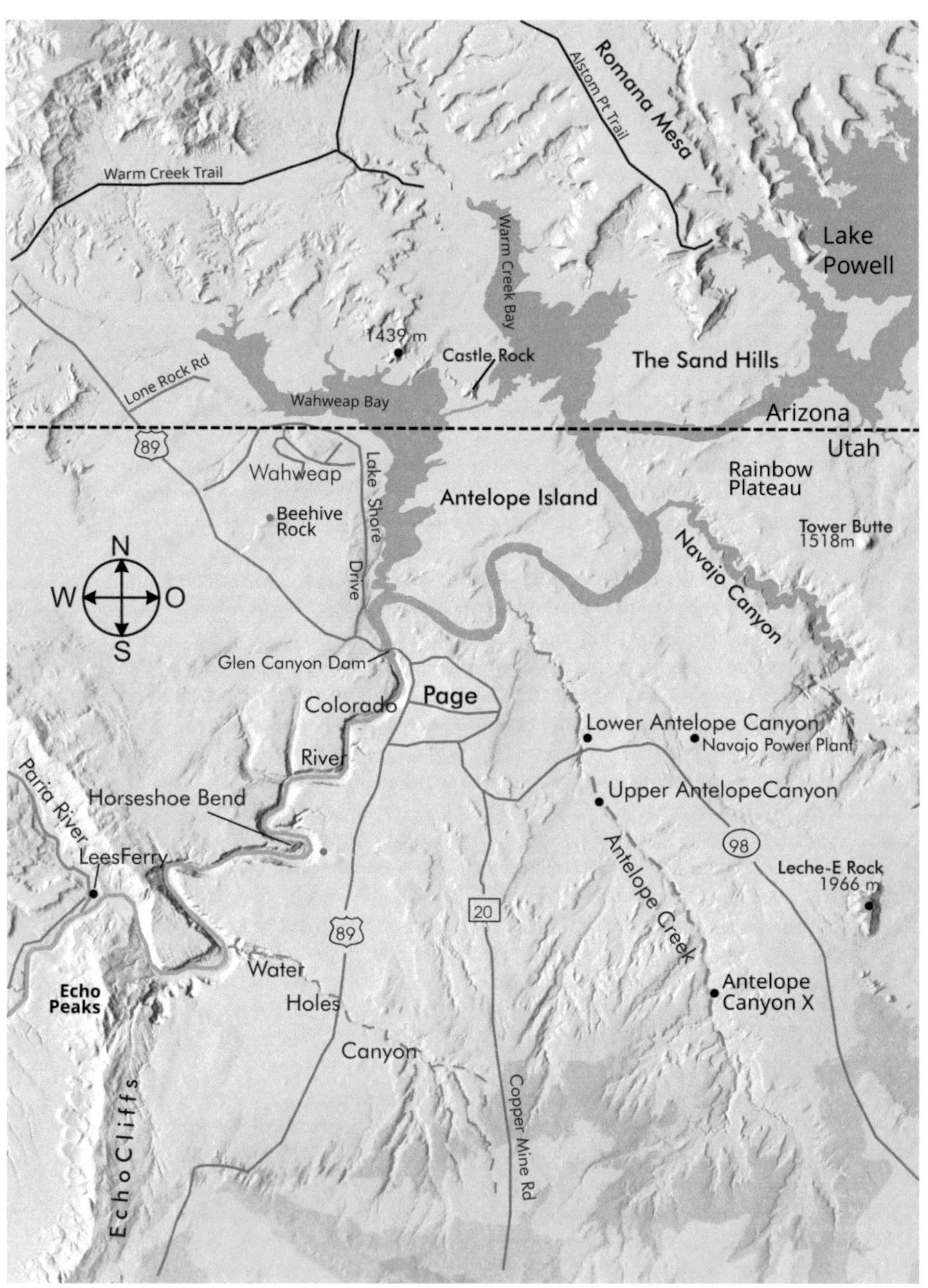

Romana Mesa
Alstom Pt Trail
Warm Creek Trail
Warm Creek Bay
Lake Powell
1439 m
Castle Rock
The Sand Hills
Lone Rock Rd
Wahweap Bay
Arizona
Utah
89
Wahweap
Lake Shore Drive
Antelope Island
Rainbow Plateau
Tower Butte 1518m
Beehive Rock
N
W O
S
Navajo Canyon
Glen Canyon Dam
Page
Colorado
Lower Antelope Canyon
Navajo Power Plant
River
Upper AntelopeCanyon
Paria River
Horseshoe Bend
98
Leche-E Rock 1966 m
LeesFerry
20
Antelope Creek
89
Water
Echo Peaks
Holes
Antelope Canyon X
Canyon
Copper Mine Rd
Echo Cliffs

Page/Lake Powell und Umgebung

„.... ein merkwürdiges Ensemble von wunderbaren Merkmalen - geschnitzte Wände, königliche Bögen, Schluchten, Nischen, Hügel und Monumente ... wir beschlossen, ihn Glen Canyon zu nennen."
John Wesley Powell, *A Canyon Voyage*

- **Page liegt in 1301 m Höhe**
- **Der National Park Service schätzt, dass Page und der Lake Powell 4,3 Millionen Besucher im Jahr 2019 hatten. Nach rund 2,7 Millionen zu Beginn des 21. Jahrhunderts**
- **Hauptbesuchsmonat ist der August**

Wie, Wo, Was

Page, das ist der Colorado River, welcher im Glen Canyon zum Lake Powell gestaut wird. Diese Kombination steht für eine außergewöhnliche Landschaft aus roten Felsen, spektakulären Canyons, stillen Buchten und dem surreal-blauen Wasser. Der Ausflug mit dem Boot zur Rainbow Bridge ist der einfachste Weg dieses Ensemble aus erster Hand zu erleben. Der Glen Canyon muss vor seiner Flutung ein Ort außergewöhnlicher Schönheit gewesen sein. Wenn Sie einen Eindruck bekommen wollen, kaufen Sie „The Place No One Knew: Glen Canyon on the Colorado" von Eliot Porter. Ein großartiger Bildband!

Nötig geworden war die Stadt auf der Höhe der Manson Mesa allein durch den Bau des Glen Canyon Damms, der mit seiner Fertigstellung 1963 den Lake Powell schuf, mit über 300 km Länge der nominell zweitgrößte künstliche See der Welt und heute ein Besuchermagnet des Südwestens. Und das, obwohl sein Wasserstand aufgrund starker Trockenheit in diesem Teil der USA in den letzten 25 Jahren dramatisch gesunken ist. Ist der See bis zur Kapazitätsgrenze gefüllt, hat der Wasserspiegel eine Höhe

Lake Powell steht für Wassersportvergnügen jeder Art

Wahweap Bay und Castle Rock

von 3700 ft (1128 m). Der bisherige Tiefststand war im August 2022 bei einer Höhe von 3533 ft (1077 m) erreicht. Im Mai 2024 hat er sich nach zwei relativ schneereichen Wintern bis auf 3561 ft (1085 m) erholt. Das entspricht aber immer noch nur 32 % des Gesamtfassungsvermögens. Jedoch: Ein Jahrhundert Flussaufzeichnungen in Kombination mit weiteren vier bis fünf Jahrhunderten Baumringdaten zeigen, daß die Dürren der letzten zwei Jahrzehnte nicht ungewöhnlich waren. Längere und schwerere Dürren sind ein regelmäßiger Bestandteil der Klimavariabilität in diesem Teil des Kontinents. Und so werden zukünftige Generationen sicher wieder einen sehr viel eindrucksvolleren Lake Powell sehen, als wir heute!

Beehive Rock Overlook überblickt die Wahweap Bay

Das umgebende Gebiet liegt zwischen 1000-2600 m hoch, eine kalte Wüste also mit Minusgraden im Winter und + 38 °C im Juli und August.

Von Page aus lohnt es sich, einen Schlauchboot-Trip Colorado abwärts zu unternehmen, um den Fluss einmal aus anderer Perspektive, quasi „lebend", in einem seiner Canyons im Bild festzuhalten. Um die sich dabei bietenden gewaltigen Dimensionen herüberzubringen, ist ein aktiver Vordergrund zum Größenvergleich unerlässlich. Vom Fluss sind die großen Flächen Desert

Lake Powell und Navajo Mountain

Varnish, die die normalerweise hellroten Cliffs der Navajo Formation dunkel färben, sehr gut zu sehen. Oft ist zu beobachten, wie sie im Vorbeifahren die Farbe wechseln, manchmal sogar blau erscheinen. Wenn sich irgendwo die Gelegenheit bietet, nehmen Sie eine schöne Fläche dieser Mikroorganismen zu unterschiedlichen Tageszeiten auf. Vor allem vor Sonnenaufgang werden Sie mit spektakulären Farben überrascht.

Page wurde nach John C. Page benannt, einem Direktor der Behörde für Wasserbau und Wasserwirtschaft in den 1930er Jahren.

Wegweiser

Page ist, wenngleich touristisches Zentrum einer ganzen Region, vor allem Kleinstadt geblieben. Nur wenige Straßen durchziehen den Ort, die Hotels fügen sich ganz untypisch in die Landschaft ein und die Überschaubarkeit verleiht ihm in den Augen eines Reisenden, der gerade aus der Wüste kommt, einen sympathischen Charakter. Nur auf der anderen Seite des Glen Canyon Damms, an der Wahweap Marina, geht es manchmal nicht ganz so beschaulich zu. Hier liegen die vielen Hausboote an den Stegen, hier starten die Touren auf dem See und zur Rainbow Bridge und es finden sich zwei schön gelegene Campingplätze.

Lake Shore Drive und Wahweap Bay

Gibt es von der Höhe der Stadt aus kaum lohnende Photomotive, so ist ihre Anzahl auf dem Weg zur Wahweap Bay geradezu inflationär groß. Vom Ostteil des Lake Shore Drive und aus erhöhter Position vom Beehive Rock Overlook (zu erreichen über eine Schotterpiste, die hinter der Kreuzung mit dem Lake Shore Drive von der Rt-89 North nach rechts abzweigt) können Sie den See, die Boote an der Marina und den Navajo Mountain im Osten entweder vor die aufgehende Sonne stellen oder noch besser, weil ohne Silhouettenwirkung im warmen Licht der tief im Westen stehenden Nachmittagssonne aufnehmen.

Den farbenprächtigen Felsformationen um Castle Rock am Nordrand der Wahweap Bay verleiht das Licht der niedrig stehenden Sonne am Morgen oder späten Nachmittag eine eigenwillige, beinahe mystische Dramatik, die das dunkle Blau des Sees noch verstärkt. Die Picknickplätze westlich der Marina sind ein guter Aufnahmestandpunkt.

Von dort aus haben Sie ebenfalls einen sehr guten Blick auf den Sonnenuntergang über dem Westende der Bay.

Der Glen Canyon Damm

Anders als am Hoover Dam hatte man hier am Glen Canyon Damm ein Einsehen mit den Reisenden und den Photographen und hat ihnen einen wunderbaren Aussichtspunkt mit Blick auf den Glen Canyon Damm und den dahinter liegenden See geschaffen. Sie brauchen sich also nicht mehr mit dem immer zu engen 28er Weitwinkel auf der

Die Staumauer des Glen Canyon Damms

Brücke herumzuärgern, sondern können von hier aus, nach einem kurzen steilen Abstieg am Geländer, alles bequem ins Bild fassen. Am besten kurz vor Mittag, wenn auch der Fluss in der Tiefe des Canyons Licht erhält. Sie erreichen den Viewpoint über die Scenic View Road, die hinter Dennys Restaurant bzw. dem Hauptquartier des National Park Service nach Westen von der Rt-89 abzweigt. Sie ist nur in Fahrtrichtung Süden ausgeschildert. Wollen Sie die Staumauer steil von unten aufnehmen, haben Sie dazu auf der Führung durch den Damm oder bei Beginn eines Float- bzw. Rafting Trips, die von dort unten starten, Gelegenheit. Auch dazu ist das Licht der hochstehenden Mittagssonne nötig.

Horseshoe Bend

Horseshoe Bend ist eine spektakuläre Schleife, die der Colorado River auHorseshoe Bend ist eine spektakuläre Schleife, die der Colorado River auf seinem Weg hin zum Grand Canyon beschreibt. Da es sich eben nur um eine solche Landnase handelt und nicht um mehrere, wie bei den Goosenecks des San Juan Rivers, ist keine echte Panoramaaufnahme nötig, um das Spektakel ins Bild zu fassen. Ein 24er Weitwinkel genügt, um die Felsmesa und den sie umfließenden Colorado ganz einzufangen. Aber natürlich schadet eine noch kürzere Brennweite nicht. Nach Möglichkeit sollten Sie einige der Felsen an der Bruchkante mit ins Bild einbeziehen, um ihm zu mehr Tiefenwirkung zu verhelfen.

Das Licht ist morgens am besten, denn dann erleuchtet die tief im Osten stehende Sonne sowohl den Fluss und die Mesa als auch die entfernt am Horizont liegenden Vermillion Cliffs. Abends brauchen Sie einen leicht bedeckten Himmel, dessen Wolken das Licht der untergehenden Sonne photogen brechen und reflektieren. In beiden Fällen aber ist der Kontrast zwischen Vorder-

Horseshoe Bend - Eine mächtige Nase im Colorado

und Hintergrund fast immer zu groß für die aktuellen Bildträger. Der analoge Photograph braucht exakte Messungen mit dem Spotmeter und einen Satz Grauverlauffilter, um ihn zu meistern. Damit kann sein digitaler Kollege natürlich auch arbeiten, aber prinzipiell hat es besser, denn er braucht sich nicht um genaue Werte zu scheren. Eine schnelle Aufnahmeserie aus richtiger Belichtung und +/- 2 Belichtungsstufen, die später am Computer mittels Dynamic Range Increase zu einem pseudo High Dynamic Range Image (HDRI) kombiniert wird, erleichtert ihm das Leben. „Pseudo", weil dabei in einem 8 Bit Format gespeichert wird, das für jeden Farbkanal nur 256 Helligkeitsstufen zur Verfügung stellt. Um den tatsächlich vorhandenen Helligkeitsumfang zu speichern, so wie es echte HDR-Bilder tun, sind aber mehr Bits, also mehr Helligkeitsstufen, notwendig. Unter- und Überbelichtung sollten durch Verlängern oder Verkürzen der Belichtungszeit, nicht aber durch Ab- oder Aufblenden realisiert werden. Letzteres verändert auch die Schärfentiefe, und das ist selten gewünscht. Bei zu stark bewegten Motiven hilft auch folgender Trick bei der RAW-Entwicklung des Bildes: Man entwickelt einmal auf die Lichter und einmal auf die Schatten, so dass man zwei Bilder hat, die im jeweiligen Bereich Zeichnung aufweisen. Beide werden dann, wie zuvor, im Bildbearbeitungsprogramm zu einem Einzigen kombiniert, welches die gewünschte Charakteristik aufweist.

Den Horseshoe Bend Viewpoint erreichen Sie über einen kurzen Trail. Er beginnt an einem gut auszumachenden Parkplatz 2,5 mi südlich von Page an der Rt-89. Dieser kürzlich vergrößerte Parkplatz gehört der Stadt Page und wird von ihr betrieben. So ist es die Stadtverwaltung, welche die Parkgebühr von 10 Dollar erhebt. Wenn Sie ohne Fahrzeug kommen, ist der Zugang zum Aussichtspunkt kostenlos.

Weiter in Richtung Grand Canyon Südrand führt die Rt-89 zwischen den Vermillion Cliffs im Osten und den Echo Cliffs im Westen hindurch. Beide sind am Nachmittag bei tiefer stehender Sonne, aufgrund ihrer vielfältigen Färbung besonders photogen.

Antelope Canyon

Der Antelope Slotcanyon ist der mittlerweile wohl bekannteste und am stärksten besuchte, weil mit Abstand schönste und am leichtesten zugängliche, Vertreter seiner Klasse. In drei Stufen mündet der Antelope Creek in ihm auf 8 km Länge nahe Page in den Lake Powell. Seine oberen- und unteren Teile weisen die besonders photogenen Narrows auf. Das sind die klassischen Slots. Dazwischen fließt der Antelope Creek nach heftigen Regenfällen zu ebener Erde. Besuchen Sie beide Teile, auch wenn Sie wenig Zeit haben, denn sie besitzen einen jeweils ganz eigenen Charakter. Weil sie sein touristisches Potenzial erkannt haben und um dem enormen Besucherandrang Herr zu werden, haben die Navajos den Antelope Canyon in einen Tribal Park verwandelt.

Die scheinbar grenzenlose Vielfalt der Formen, die das Wasser in den Navajo Sandstein geschliffen hat und die absolut außergewöhnliche Qualität des Lichts in seinem Innern - die Mischung von reflektiertem-

Lightbeam im
Upper Antelope Canyon

Fließende weiche Formen, die kein
Künstler besser gestalten könnte

und direktem Licht machen den Antelope Canyon zu einer der Sehenswürdigkeiten auf dem Colorado Plateau. Und diese Merkmale sind es auch, die Ihnen traumhaft schöne Bilder bescheren. Aufgrund der Lichtverhältnisse wäre ein Stativ unerlässlich. Leider sind Stative, Einbeinstative und Rucksäcke bei den kommerziellen Touren nicht erlaubt. Alles, was Sie mitnehmen können, ist Ihre Kamera. - Das ist eine gewaltige Verschlechterung der Umstände, wenn man sich daran erinnert, wie einfach und unkontrolliert früher alles war. Für mich ist diese Sache heute tot.

Der Canyon kreuzt die Rt-89 etwa 5 Meilen östlich von Page. Sie können die Schilder direkt unterhalb des großen Kraftwerks nicht übersehen. Die Canyons, d. h. Upper und Lower Antelope Slot, sind im Prinzip das ganze Jahr über zugänglich, aber die Öffnungs- und Besuchszeiten sind für die beiden Teile unterschiedlich. In den Sommermonaten besuchen täglich mehrere hundert Menschen den Upper Antelope Slot. Die Navajos haben das touristische Potenzial erkannt und den Antelope Canyon in einen Stammespark umgewandelt, um den enormen Besucherandrang zu bewältigen. Besichtigungen sind nur im Rahmen organisierter Touren möglich, die vorzugsweise im Voraus gebucht werden sollten, auch wenn in weniger beliebten Monaten unter Umständen noch kurzfristig Plätze frei sind. Die Touren sind teuer, etwa $ 100 für den oberen Teil und etwa $ 60 für den unteren. Dafür hat man in beiden Canyons etwa 60 Minuten Zeit. Zu den Hauptbesuchszeiten von 10:00 bis 13:00 Uhr kann der Preis höher sein. Die Gebühren werden zweifellos steigen, da die Navajo die ständig wachsende Beliebtheit des Canyons weiter ausnutzen.

Der Antelope Creek hat die gut 200 m lange Narrows Section des Upper Antelope Canyon (Tse bighnilini oder „Der Platz, wo das Wasser durch die Felsen fließt") in eine 40 m hohe Anhöhe auf der Südseite der Rt-89 gefressen. Aus diesem Grund kann man geradewegs in ihn hineinwandern und braucht nicht von oben nach unten zu klettern, wie es bei vielen anderen Slots der Fall ist. Einem Oberlicht gleich lässt nur ein schmaler Felsspalt Licht hinunter in die Tiefe fallen und macht die Himmelsrichtungen bedeutungslos. Dieser schmale obere Durchlass ist verantwortlich für eine der Hauptattraktionen des Canyons: Die spektakulären Lichtsäulen, in denen sich die Sonnenstrahlen am Canyonboden bemerkbar machen. Sie machen Upper Antelope so besonders wertvoll, erscheinen aber nur, wenn die Sonne hoch genug und im richtigen Winkel steht, was zwischen April und Oktober jeweils zwischen 11:00 und 13:00 Uhr der Fall ist. Am intensivsten sind sie, wenn die Sonne im Juni den höchsten Stand ihrer Bahn erreicht. Leider herrscht zu dieser Zeit mit schöner Regelmäßigkeit das größte Gedränge im Canyon und ungestörte Aufnahmen sind fast unmöglich. Die Lichtfinger treten an verschiedenen Stellen jeweils nur für kurze Zeit auf. Die Navajoführer wissen, wann und wo mit den schönsten Exemplaren zu rechnen ist. Auf den ersten Blick scheinen sie aufgrund des großen Kontrasts - 10 Belichtungsstufen sind eher die untere Grenze - eine belichtungstechnische Herausforderung zu sein. Der Zweite offenbart jedoch ihre diesbezügliche Bedeutungslosigkeit, denn sie enthalten keine bedeutenden Details und können aus diesem Grund bei der Belichtungsmessung einfach ignoriert werden. Abgesehen von diesem Sonderfall sollten Sie direktes Licht in Ihren Bildkompositionen immer vermeiden und sich stattdessen auf Bereiche konzentrieren, die allein reflektiertes Licht aufweisen. Davon ist unabhängig von direkter Sonne oder Bewölkung immer etwas vorhanden, ggf. müssen Sie einfach länger belichten, um es sichtbar zu machen. - Sie werden davon überrascht sein, welche wunderbaren Bildmöglichkeiten sich in dieser Hinsicht öffnen.

Der Lower Antelope Slot (Hasdestwazi bzw. „Spiral Felsenbögen") befindet sich gleich gegenüber auf der anderen Seite der Rt-98. Dieser 300 m lange Canyonteil liegt vollständig unter der Erde, ist nicht so tief wie sein Pendant und erfordert einige Kletterei über Leitern und Stege bei der ein Navajoführer Hilfestellung gibt. Im Gegensatz zum oberen Teil, dessen Boden sandig ist und nach Regen schnell abtrocknet, ist der Grund hier lehmig und neigt dazu, lange nass zu bleiben.

Die Lichtverhältnisse sind spärlicher als im oberen Teil und Lightbeams sind seltener. Eine photogene Ausnahme gibt es in dieser Hinsicht: Ungefähr auf halbem Weg durch den Canyon findet sich am oberen Ende der Felswand die Miniaturausgabe eines Felsbogens (Guardian Angel), der die Lichtstrahlen gegen Mittag so passieren lässt, dass sie

Beklemmende Enge im
Lower Antelope Canyon

den Boden in einem hellen Kegel erleuchten. Davon abgesehen gibt es sonst nur sehr wenig direktes Licht. Das ist gut, denn es erleichtert Komposition und Belichtungsbestimmung und schlecht zugleich, denn die Motive sind weniger augenfällig. Man muss sich mehr Zeit lassen, den Ort auf sich wirken lassen und nach den Formen und Texturen im weichen Fels suchen. 1 Std. ist dafür zu wenig, 2 Std. sollten es schon sein. Lassen Sie sich darauf ein, so werden Sie mit nicht weniger spektakulären Bildern als im Upper Antelope Slot zurückkehren. Die schönsten Motive finden Sie an seinem unteren Ende. Darunter ein wunderschönes Fenster, vom Wasser in einen Felsvorsprung geschliffen und einen Bogen, der sich spektakulär bis zur oberen Öffnung spannt. Das beste Licht herrscht hier anders als im oberen Teil zweimal täglich: Vormittags zwischen 09:00 und 11:00 Uhr und nach der Mittagszeit von 13:00 bis 15:00 Uhr. - Sie können also beide Canyonteile am selben Tag im besten Licht erwischen. Vorzugsweise sollten Sie mit dem oberen Teil beginnen und den Unteren danach absolvieren.

Antelope Canyon X

Der Antelope Creek zieht sich vielleicht 20 km weit durch den roten Sandstein südöstlich von Page. Auf diesem Weg hat er eine Furche gegraben, die manchmal recht flach, an anderen Stellen tief und dunkel ist. Upper- und Lower Antelope Canyon sind zwei dieser dunklen Stellen, Antelope Canyon X ist eine weitere, welche ungefähr 8 km südlich des stark frequentierten Paares liegt. Der Name rührt von einer X-förmigen Öffnung im Felsgewölbe. Aktuell ist die Taadidiin-Familie die einzige, die Touren in diesem Teil des Antelope Canyon abieten darf. Sie operieren von ihrer Basis am Milemarker 308 des Highway 98 rund 10 Meilen südöstlich von Page. Canyon X ist deutlich kürzer als Upper- und Lower Antelope Canyon, wartet aber mit genauso schönen und photogenen Felsformationen und Lichteffekten auf. Die Lichtsäulen sind im Mai, Juni und Juli am besten zu sehen. Plus: Er ist zumindest Stand heute, 2024, viel weniger stark besucht. Quasi noch eine Art Geheimtipp. Auf den 1,5 Std Touren ist nur Photo-Equipment erlaubt, welches Sie in der Hand halten können – keine Rucksäcke und Stative. Um all dies mitnehmen zu können, müssen Sie eine dreistündige Phototour buchen. In beiden Fällen sind die Gruppen überschaubar groß und Sie werden nicht einer Herde gleich angetrieben. Das sind nette Menschen hier, denen viel daran liegt, auch etwas von ihrer Kultur zu vermitteln. Für die Phototour brauchen Sie ein Special Use Permit des Lake Powell Tribal Parks and Recreation Office. Erkundigen Sie sich vorher beim Veranstaler, wie Sie es bekommen (https://www.antelopecanyon-x.com/). Videoaufnahmen sind nicht gestattet.

Wenn Sie noch weniger Besucher und eine noch kleinere Gruppe wollen, erwandern Sie mit den Taadidiin den Cardiac Canyon auf einer etwas anstrengenderen 6 Std Tour. So Sie ein echtes Slotcanyon-Erlebnis wollen, schenken Sie sich alles andere und klettern Sie in diese Schlucht!

Water Holes Canyon

Der Water Holes Canyon ist zwar erheblich offener und heller als Antelope, besitzt aber ebenfalls eine kurze Narrows Section und sehr schöne Felsformen, weswegen er ebenfalls als Slotcanyon bezeichnet werden darf. Er wird zudem von weit weniger Menschen besucht als der große Bruder und ist sehr gut zugänglich, weswegen die Arbeit mit der Kamera hier weniger anstrengend ist.

Er liegt 6 mi südlich von Page bei Mile-Marker 542 an der Rt-89 dort, wo eine Stahlbrücke die Schlucht überquert. Auf der Ostseite der Straße befindet sich nach rund 200 m ein Einstiegspunkt in den hier nur 20 m tiefen Canyon. Die stromaufwärts führende Ostseite ist flach, gut zugänglich und besitzt nach gut 800 m einen rund 150 m langen ansehnlichen engen Abschnitt, in dem das Licht schön von den Wänden hin und her reflektiert wird. Er endet an einer unpassierbaren Steilwand.

In der Narrows Section des Water Holes Canyon

Die Westhälfte weist einige leicht zu überwindende Hindernisse auf. 200 m stromabwärts erreichen Sie eine annähernd 50 m hohe senkrechte Felswand mit einer sehr engen Passage. Ein Stück dahinter, beinahe direkt unter der Brücke, endet der aktuell zugängliche Teil an einem 5 m hohen Felsabbruch. Unmittelbar auf der anderen Seite befindet sich ein Autowrack auf einem Felsvorsprung. Sofern dieser untere Abschnitt wieder geöffnet wird, können Sie im weiteren Verlauf eine weitere schöne Engstelle erkunden. An einer Stelle sind Leitern installiert, über die Sie aus der Schlucht hinaussteigen und entlang dem Rand zum Parkplatz zurückkehren können. Im Frühjahr und Herbst sind die namengebenden Wasserlöcher in beiden Abschnitten nach Gewittern bis in Kniehöhe gefüllt und geben einen spiegelnden Vordergrund ab.

Der Water Holes Canyon liegt auf Navajo-Land. Ich erinnere mich an eine Zeit, in der man das Auto abstellte und direkt hineinwanderte, ohne irgendwelche Einschränkungen. Nun, das ist lange vorbei. Zuerst brauchte man eine Wandergenehmigung vom örtlichen Tribal Parks Office in Page. Dann wurde der Canyon bis auf die nächstgelegenen Engstellen auf der Ostseite geschlossen, und man musste eine Tour bei einem örtlichen Unternehmen buchen, um die oberen Nebenflüsse zu sehen. Und seit 2018 ist der gesamte Canyon für die Öffentlichkeit geschlossen und kann nur noch mit einer kommerziellen Tour betreten werden. Diese kosten etwa 70 Dollar pro Person. Lassen Sie sich nicht

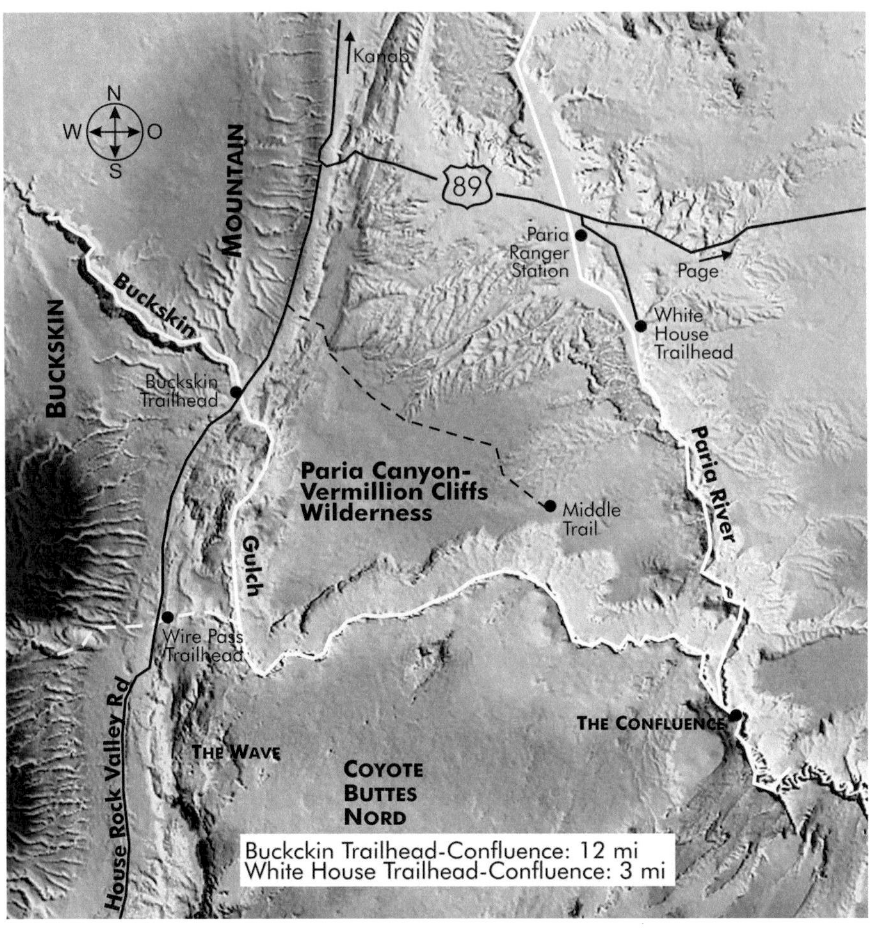

dabei erwischen, wie Sie diese Sperrung umgehen - das ist ein Verstoß gegen Bundes- und Stammesrecht.

Paria bedeutet in der Sprache der Paiute Indianer „lehmiges Wasser"

Bucksin Gulch und Paria Canyon

Das Paria Plateau, zwischen der Rt-89 im Norden und Lees Ferry im Süden, bietet mit Buckskin Gulch und den Narrows des Paria Canyon zwei hervorragende Slotcanyons. Beide sind von der Rt-89 aus gut zugänglich. An der Paria River Ranger Station können und sollten Sie sich auf jeden Fall über den Zustand der Trails und das zu erwartende Wetter informieren. Sofern kein Ranger anwesend ist, gibt die Self-Registration-Station Auskunft, ob es sicher ist, in die Canyons zu wandern.

Für den Eintritt in den Buckskin Gulch und den Paria Canyon sind folgende Bestimmungen zu beachten: Sie müssen eine Tagesgenehmigung (day-use permit) (\$ 6) erhalten, indem Sie mit Ihrem Smartphone einen QR-Code an einem der Trailheads scannen. Es gibt keine Beschränkung der Besucherzahl. Wenn Sie über Nacht zelten möchten, müssen Sie eine Genehmigung im Voraus auf www.recreation.gov reservieren. Zur eigenen Sicherheit soll-

Buckskin Gulch, der Aufhellblitz arbeitet die weichen Formen gut sichtbar heraus

ten Sie sich an solchen Stationen immer ein- und wieder austragen, denn gerettet wird man nur, wenn bekannt ist, dass jemand in Not geraten sein könnte!

Der Paria Canyon kann vom White House Trailhead aus ganz einfach begangen werden, auch wenn der Fluss normalerweise das ganze Jahr über zumindest knöchelhoch Wasser führt. Vorbei an den Windows, wo das Wasser runde Öffnungen in den Fels geschliffen hat und einigen auf große Felsen gemalten Petroglyphen auf der linken und rechten Seite erreichen Sie nach rund 6,5 km die Narrows. Dieser photogene Abschnitt erstreckt sich rund 3,5 km über den Zusammenfluss mit Buckskin Gulch bei Kilometer 11 hinaus. Dahinter weitet sich die Schlucht ganz langsam auf. Vom White House Trailhead bis zu Lees Ferry sind es rund 54 km (3-5 Tage). Das ist die längste und ambitionierteste Canyonwanderung auf dem Colorado Plateau. An Lees Ferry gibt es Shuttleservices, die Sie zu Ihrem Fahrzeug im Norden zurückbringen.

Buckskin Gulch ist ein 16 mi langer Seitencanyon, der von Westen in den Paria Canyon mündet. Über die House Rock Valley Road (Schotterpiste, kann als Abkürzung zur Rt-89A in Arizona benutzt werden), die 5 mi westlich der Rangerstation von der Rt-89 nach Süden abzweigt, erreichen Sie drei Einstiegspunkte in die Schlucht: Middle Trail Carpark erreichen Sie über eine 4-WD-Piste, die bei Meile drei nach Osten abzweigt, Buckskin Trailhead liegt bei Meile sieben direkt an der House Rock Valley Road, Wire Pass

Paria Canyon, das reflektierte Licht betont die Rottöne des Navajo Sandsteins

Trailhead folgt 1 mi weiter. Von hier aus sind es zu Fuß 3,5 km zu den Narrows. Dieser manchmal nur 1 m breite Abschnitt erstreckt sich über die folgenden 20 km bis Buckskin Gulch in den Paria Canyon mündet. Hier ragen die Wände der Schlucht bis zu 130 m hoch auf. Das macht ihn zu einem der tiefsten, engsten und schönsten Slotcanyons der Welt! Der Middle Trail ist 9,5 km hinter dem Zusammenfluss von Wire Pass und Buckskin Gulch die einzige Möglichkeit, die Schlucht zu verlassen. Auf einer längeren Tour bietet es sich an, hier eine Nacht zu campen. Einige Höhenangaben mögen das Geländeprofil verdeutlichen: 1672 m am Buckskin Gulch Trailhead, 1490 m am Wire Pass Trailhead, 1310 m am White House Ruin Trailhead, 1250 m am Zusammenfluss, 950 m bei Lees Ferry.

The Wave

The Wave – eine Welle? Wie sollte in der Felslandschaft des Colorado Plateaus etwas so elegant-fließendes, eine so perfekte Form entstanden sein? Und doch gibt es sie. In der Paria Canyon-Vermillion Cliffs Wilderness (Coyote Buttes Special Management Area) im Süden des Paria Plateaus finden sich zerbrechlichste Strukturen, wie von Hand in das rauhe Material poliert, eine Wonne für das Auge! Gut versteckt und nur zu Fuß zu erreichen liegt hier die von Titelbildern und Kalenderblättern bekannte Formation The Wave. Dabei handelt es sich um eine kleine Schlucht inmitten der erodierten Sandsteinkuppen in der wunderbar verwirbelte, über- und durcheinandergefaltete dünne Felsschichten in allen erdenklichen Farben zwischen Rot, Orange, Weiß und Gelb zu Tage treten. Alle glattgeschliffen von Wind und Wasser und dadurch entsteht ein schimmernder, fließender Eindruck - eine Welle eben.

Betörend weiche Formen in der Wave

Das Wildnisgebiet der Coyote Buttes ist Teil des im Jahr 2000 eingerichteten Vermilion Cliffs National Monument. Beide unterstehen der Verwaltung des Bureau of Land Management (BLM).

Dieses Gebiet ist dank zahlreicher Fotos und Veröffentlichungen längst kein Geheimtipp mehr. Aufgrund der großen Besucherzahl und der Fragilität der Landschaft hat das Bureau of Land Management ein Lotteriesystem eingerichtet, über das Sie Genehmigungen für den Besuch von The Wave erhalten können. Nur 64 Personen dürfen

Coyote Buttes North an einem bestimmten Tag besuchen. Die Bestimmungen der Lotterie sind inzwischen recht komplex und Sie müssen www.recreation.gov. besuchen, um genaue Informationen über die Teilnahme zu erhalten. Campen im Hinterland ist nicht gestattet.

Mit dem Permit im Rucksack begeben Sie sich über die unbefestigte House Rock Valley Road zum Wire Pass Trailhead. Die normalerweise gut befahrbare Staubstraße (nur nach heftigen Regenfällen kann es mancherorts schwierig werden). Erkundigen Sie sich also vorher bei den Rangern in der Kontaktstation nach dem Straßenzustand) zweigt 34 mi westlich von Page nach Süden von der Rt-89 ab. Nach gut 8 mi erreichen Sie den Parkplatz. Bis zur Wave sind es von hier 4,8 km. Dafür braucht man bei gemäßigten Temperaturen mindestens 1 Std. bei Temperaturen über 30° C, die zwischen April und Oktober jederzeit vorkommen können, auch die doppelte Zeit. Sorgen Sie in jedem Fall für reichlich Trinkwasser. Empfohlen sind für diese Wüstenumgebung 4 l pro Tag. Der Weg zur Wave ist nicht markiert, aber mit dem Permit erhalten Sie eine genaue Wegbeschreibung, eine Karte und GPS-Angaben. Damit ist es leicht, das Ziel zu finden. Obwohl mittlerweile zahlreiche Wegbeschreibungen zur Wave in Büchern und im Web publiziert sind, gebe ich hier keine, um niemanden ohne Permit zum Betreten des Gebiets zu verleiten. - Die Ranger patrouillieren dort regelmäßig und Mißachtungen werden zu Recht mit saftigen Geldstrafen und Anklagen wegen unerlaubten Betretens von staatlichem Land geahndet!

Zum Reinbeissen - Hamburger Rocks

Wenn Sie sich der Wave von Nordosten her nähern, können Sie in den regenreicheren Zeiten im Frühjahr und Herbst Glück haben, dass sich vor dem dortigen Zugang eine kleine Wasserfläche angesammelt hat, in der sich die wunderbar verwundenen Felsschichten der Wave widerspiegeln. Diese Reflexion wirkt am besten an einem windstillen Morgen, wenn der Vordergrund noch im Schatten liegt, die Wave aber schon von der Sonne erleuchtet wird. Ansonsten sind solche Kontraste hier nicht erstrebenswert, um die feinen Sedimentschichten nicht in Über- oder Unterbelichtung zu verlieren. Folgerichtig ist hier einmal die Mittagszeit, wenn das Sonnenlicht alle Schatten einebnend von oben einfällt, die beste Photozeit. Alternativ bietet sich auch der späte Nachmittag an, denn zu dieser Zeit liegen große Teile der Formation wieder im Schatten und lösen so die Kontrastproblematik. Bevor die

Sonne den höchten Punkt ihrer Bahn erreicht, können Sie das noch etwas flachere Licht nutzen, um die fein strukturierten Felsschichten am Westende der Wave im feinen indirekten Licht aufzunehmen. Von dort aus bietet sich auch die Gesamtansicht der Formation dar. An Optiken sollten Sie all Ihre Weitwinkel (für Übersichten), ein leichtes Telezoom (z.B. 80-120 mm, um den Bildausschnitt bei Details flexibel wählen zu können) und eine Makrobrennweite (um die feinen Oberflächenstrukturen abzulichten) einpacken. Ein Polarisationsfilter ist hilfreich, um das die Farbsättigung und Kontraste mindernde Streulicht zu kontrollieren. Um den vormittags und nachmittags evtl. zu hellen Himmel belichtungstechnisch mit einem noch oder schon im Schatten liegenden Vordergrund auf Linie zu bringen, sollte auch ein zwei- bzw. dreistufiger Grauverlauffilter nicht fehlen.

Eine zweite ganz ähnliche Formation, die Second Wave, liegt nur wenig entfernt im Südosten. Erklettern Sie aus der Wave kommend die erste Anhöhe im Süden und halten Sie sich dahinter südöstlich. Wenn Sie eine markante Formation ausmachen, die wie der Hamburger einer bekannten Fast Food Marke aussieht (treffend „Hamburger Rock" genannt) sind Sie richtig. Second Wave liegt mit dem Rücken dazu dahinter. Sie ist aufgrund ihrer Lage das Motiv für die tief am Westhimmel stehende Sonne am frühen Abend. Sichern Sie sich Ihren Platz aber früh genug, denn sie lockt viele Photoenthusiasten an.

Die Zeit bis dahin füllen eine Mittagspause und die vielen merkwürdigen Brainrocks in der Nähe der Wave. Ihre Form braucht bei dem Namen wohl nicht weiter erklärt zu werden. Wenn Sie sie sehen, wissen Sie gleich, was los ist. Eine besonders große Ansammlung dieser farbigen Gesellen finden Sie, wenn Sie die Wave nach Süden verlassen und sich dann nach Osten wenden, bis Sie eine kleine Senke erreichen.

Rainbow Bridge National Monument

Die Zahlen sprechen für sich: Mit 96 m Höhe und 91 m Breite ist die Rainbow Bridge die größte natürliche Felsbrücke der Welt, trotzdem wurde sie der Außenwelt erst 1909 bekannt. Den Navajos ist sie von jeher heilig, weswegen man sie nicht durchschreiten darf. Felsbrücken wie diese entstehen, wenn ein Flusslauf mäandert, also in Bögen verläuft, die an ihrer Basis sehr eng sind. Die Enge der Bögen verstärkt die Erosionskraft des Wassers, das die Stärke des Materials zwischen den Flussschleifen mit der Zeit verringert, so dass an manchen Stellen nur noch eine dünne Wand stehen bleibt. Ist diese endlich vom Wasser ausgehöhlt und durchbrochen, nimmt der Fluss diesen neuen kürzeren Verlauf. Natürlich nagt die Wasserkraft weiterhin am Fels und wird auch die neu entstandene Formation nach geologisch kurzer Zeit zum Einsturz bringen.

Mit dem Boot erreichen Sie die Rainbow Bridge von der Wahweap Marina aus in 90 Minuten. Die gesamte Fahrt kann 7 Stunden dauern, da die Caste Rock Abkürzung bei niedrigem Wasserstand geschlossen sein kann. Die Kosten für eine solche Tour belaufen sich bei kommerziellen Anbietern auf etwa $ 150 pro Erwachsenem und $ 100 pro Kind. An der Rainbow Bridge haben Sie 90 Minuten Zeit. Wenn Sie das Monument erwandern wollen, müssen Sie vom Navajo Mountain aus einen ganzen Tag einplanen. Dafür brauchen Sie aber eine Genehmigung der Navajo Nation. Der Eintritt zur Rainbow Bridge selbst ist kostenlos, aber für die Glen Canyon National Recreation Area muss man Eintritt bezahlen.

Am Fuß der Felsbrücke fließt heute kein Wasser mehr und der Zugang vom See aus ist aufgrund des stark gefallenen Wasserspiegels erschwert. - Die schöne Reflexion des Bogens im blauen Seewasser können Sie heute also nicht mehr vom Landungssteg aus aufnehmen. Dafür finden sich ein Stück weiter an Land einige schön gewachsene Bäume, um den Vordergrund aktiv zu gestalten. Dazu sind Weitwinkelbrennweiten zwischen 28-35 mm ausreichend. Ein Teleschuss enthüllt die Massivität des Felsens. Rainbow Bridge liegt ein wenig versteckt in einem der zahlreichen Seitenarme des Lake Powell und ist nach Westen hin orientiert. Damit braucht es das Licht der zweiten Tageshälfte, um sie gut in

Für die Navajo ist die Rainbow Bridge ein heiliger Ort

Szene zu setzen. Am allergünstigsten ist es am späten Nachmittag.

Auf der Bootsfahrt können Sie den direkten Kontrast zwischen blauem Seewasser und den versunkenen roten Felswänden voll ausnutzen. Die schnell vorbeiflitzenden Jet-Skis geben vor dieser Kulisse gute Motive für mitgezogene Aufnahmen ab. Dafür wählen Sie die Belichtungszeit ruhig im Bereich von 1/15 s oder 1/8 sec, stellen auf das Hauptmotiv scharf und ziehen die Kamera (schon vor dem Auslösen) während der Belichtung mit der Bewegung mit. So entstehen die plakativen Magazinbilder, in denen ein scharfes Hauptmotiv vor einem dynamisch-verzerrten Hintergrund steht.

Wissenswertes zu den Slotcanyons des Colorado Plateaus

Formen, so weich, vielfältig und abstrakt, dass sie nicht von Menschenhand stammen können, in Szene gesetzt von theatergleichen Licht- und Schattenspielen, die dem Sandstein eine Farborgie entlocken, ihn in allen Schattierungen einer überbreiten Farbpalette schimmern lassen. - Die Slotcanyons, Spaltencanyons, sind die wohl spektakulärsten und unwirklichsten Sehenswürdigkeiten des Colorado-Plateaus. Manchmal weniger als 1 m breit wurden sie allein durch die Kraft der oft nur saisonalen Flussläufe geformt, deren Überschwemmungen gezielt das weichere Gestein aus einer umgebenden härteren Schicht herauserodierten.

Doch trotz all dieser Schönheit muss hier eine Warnung für alle Slotcanyons stehen: Bevor Sie einen erwandern oder erklettern erkundigen Sie sich vor Ort nach den Wetterbedingungen. Auch bis zu 25 mi weit entfernte Gewitter können plötzliche Sturzfluten auslösen und einen reißenden Strom durch die engen Canyons schicken, vor dem es dann keine Fluchtmöglichkeit mehr gibt. Bei einem Unglück dieser Art ertranken im Sommer 1997 11 Menschen im touristisch gut erschlossenen Antelope Slot bei strahlend blauem Himmel! Die meisten Gewitter und Überschwemmungen treten im August und September auf, wenn es nachmittags häufig zu Gewittern kommt. Juni, Juli, Oktober und die erste Novemberhälfte sind dagegen sehr trocken und gut für ausgedehnte Erkundungen der Slotcanyons geeignet. Diese kraftvollen Überschwemmungen verändern regelmäßig auch die Verhältnisse in den Canyons, so dass sich Aussagen über Zugangsmöglichkeiten durchaus überholen können. Mit einem 10 m langen Seil sind Sie aber für viele unerwartet auftretende Hindernisse gut gerüstet.

 Im Innern weniger gut besuchter und besonders dunkler Spaltencanyons lauert darüber hinaus noch eine weitere Gefahr: Klapperschlangen lieben diese kühleren Orte und verschlafen hier gern den Großteil des Tages. Dunkle Ecken und Passagen sollten deshalb erst mit einem langen Stock oder ausgezogenem Stativbein und der Taschenlampe kontrolliert werden. Sofern Sie sich darüber hinaus früh genug durch laute Geräusche oder Stampfen mit den Füßen bemerkbar machen und den Schlangen einen Augenblick Zeit geben sich „dünn zu machen", werden Sie wohl nie einer begegnen.

Wunderschön anzusehen wie sie sind stellen die Slotcanyons doch jeden Photographen vor große Herausforderungen. Vor allem das extreme Helligkeitsgefälle im Innern erfordert etwas Vorbereitung und lässt schnell aus dem Handgelenk geschossene Bilder zu verschwendetem Film oder Speicherplatz werden. Ein Kontrastumfang von bis zu 10 Belichtungsstufen ist keine Seltenheit und überfordert viele Bildträger. Deshalb gilt: Vermeiden Sie direktes Sonnenlicht im Bild. Beschränken Sie sich statt dessen auf das von den Felswänden reflektierte Licht in der unteren Hälfte der Canyons. Diese Detailstudien entfalten die stärkste Wirkung, wenn nur eng beieinander liegende Helligkeitswerte im Bild verarbeitet werden. Einzige Ausnahme: Die häufig durch die hochstehende Sonne in der Mittagszeit auftretenden Lichtsäulen. Diese Lichtfinger, die die Sonne für kurze Zeit durch die obere Öffnung auf den sandigen Boden wirft, enthalten keine zeichnenswerten Details und können bei der Belichtungsmessung einfach ignoriert werden. Da die für die Belichtungsmessung relevanten Flächen mittlerer Helligkeit sehr klein sein können, ist die Möglichkeit der Spotmessung eine große Hilfe (entweder in der Kamera oder mit einem externen Spotmeter). Um diese Ausgangsbelichtung arbeitet man sich bei Diafilm mit +/- 1 Stufe in $^1/_3$ Schritten herum. Beim großzügigeren Negativmaterial genügt eine zusätzliche Belichtung mit + 1 Belichtungsstufe. Die subjektiv richtige

Belichtung kann dann später in Ruhe auf dem Leuchtpult ausgewählt werden. Da sich „mittlere Helligkeit" aber oft leichter sagt, als sie zu finden ist, gibt´s natürlich noch eine andere Möglichkeit. Wählen Sie die hellste Stelle in Ihrer Komposition, die noch Zeichnung aufweisen soll und erhöhen Sie diesen Wert um zwei Blendenstufen. So erzielen Sie die unter den gegebenen Umständen bestmögliche Helligkeitsverteilung im Bild. Die digitale Technik hält in den meisten Kameramodellen mit dem Histogramm eine Funktion bereit, die man auch zur Belichtungseinstellung nutzen kann. Drängen sich seine Balken am linken Ende, ist das ein Hinweis auf Unterbelichtung. Eine längere Belichtungszeit, größere Blende oder höhere ISO-Einstellung verschieben so ein Histogramm nach rechts und leisten Abhilfe. Ist es dagegen stark rechtslastig, kann Überbelichtung vorliegen. In diesem Fall ist eine kürzere Belichtungszeit, eine kleinere Blende oder niedrigere ISO-Einstellung angesagt. Standardmäßig und vor allem in solch schwierigen Situationen wie hier, sollten Sie das Histogramm mittels Zeit und Blende so weit nach rechts regeln, dass gerade noch keine Tonwerte in den Lichtern abgeschnitten werden. Dies Clip-

blinkende Bildbereiche monitor angezeigt. So überbelichtet, aber die der Nachbearbeitung los richtig eingestellt Technik wird *Expose-* (ETTR) genannt und die Aufnahme durch die Belichtung ein besseres Verhältnis aufweist und schärfer erscheint. 
Wenn Sie die hyper- nutzen, kontrollieren genau, welcher Ent- scharf abgebildet wer- - Angesichts der häu- tungszeiten sollte nicht blendet werden. So Sie vergessen Sie bei langen nicht den Ausgleich des fektes. Jeder Hersteller mit Angaben zur Belich-

ping wird durch auf dem Kamera- wird das Bild zwar Helligkeit kann bei am PC problem- werden. Diese *To-The-Right* sorgt dafür, dass eigentlich zu hohe Signal-Rausch- aus diesem Grund fokale Einstellung Sie am Objektiv fernungsbereich den soll oder muss. fig langen Belich- unnötig weit abge- analog arbeiten Belichtungszeiten Schwarzschildef- hält Datenblätter tungsverlängerung

und eventuell nötiger Ausgleichsfilterung bereit.
Ein 81 A Warmtonfilter bringt die Rottöne des Sandsteins oft noch ein Quentchen besser zur Geltung. Nehmen Sie Ihre stärksten Kompositionen aber ruhig mit und ohne Filter auf, um später die Wahl zu haben. Das Blitzgerät kann, entfesselt und indirekt mit einem Orangefilter versehen eingesetzt, eigene Akzente setzten, kann als Gegenlicht die Struktur des Felsens herausarbeiten oder ihn als direkte Lichtquelle seiner Farben berauben und auf seine Formen reduzieren. Eine Taschenlampe ist in sehr dunklen Passagen eine große Hilfe beim Fokussieren und natürlich dürfen Stativ und Drahtauslöser nicht fehlen.

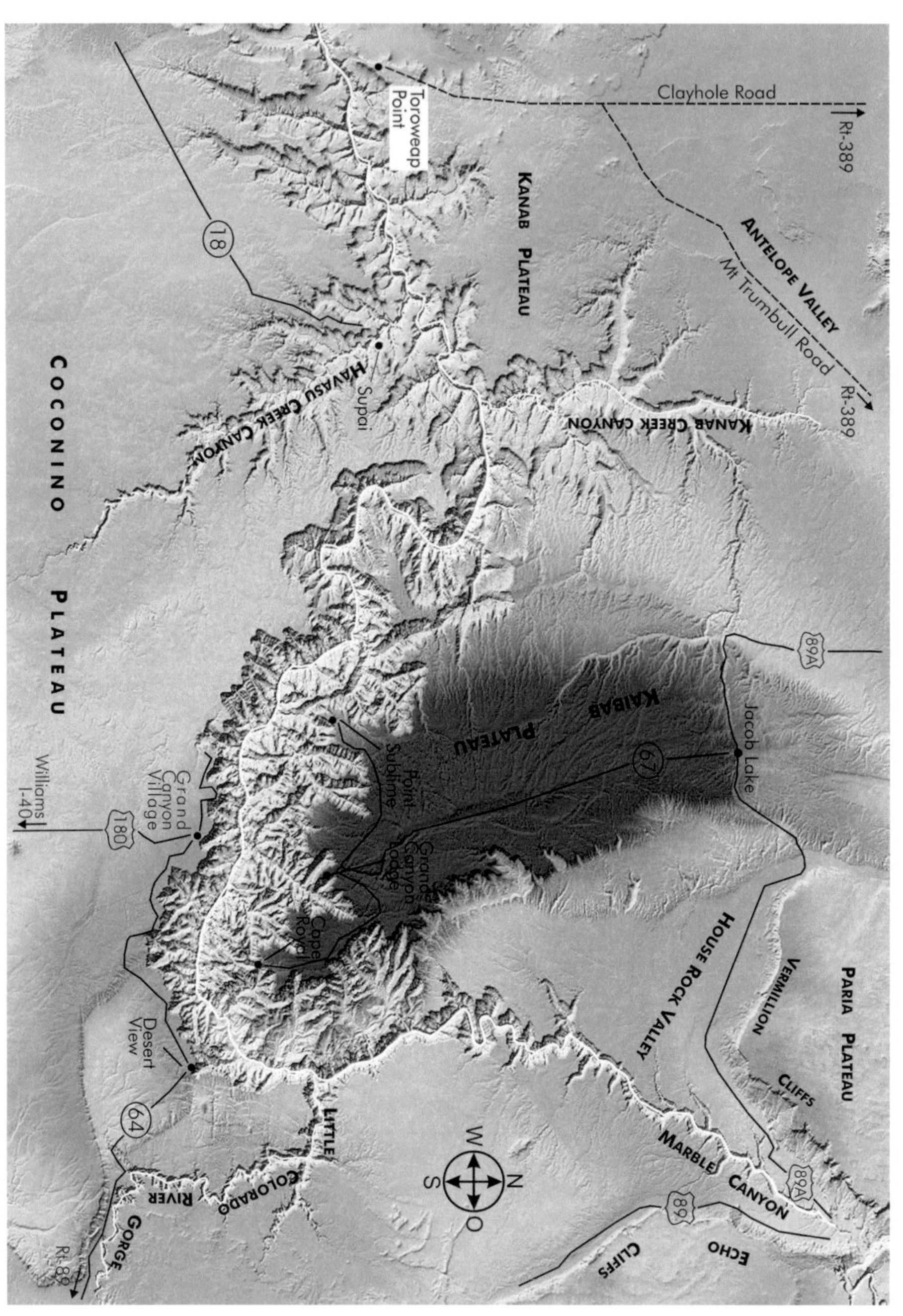

Clayhole Road
Rt-389
Toroweap Point
KANAB PLATEAU
ANTELOPE VALLEY
Mt Trumbull Road
Rt-389
KANAB CREEK CANYON
HAVASU CREEK CANYON
Supai
COCONINO PLATEAU
89A
KAIBAB PLATEAU
Jacob Lake
67
Point Sublime
Williams I-40
Grand Canyon Village
180
Grand Canyon Lodge
Cape Royal
HOUSE ROCK VALLEY
VERMILLION CLIFFS
PARIA PLATEAU
Desert View
64
LITTLE COLORADO RIVER
GORGE
Rt-89
MARBLE CANYON
89A
89
ECHO CLIFFS
N
S
W
O

Grand Canyon National Park

- *Höhenlagen zwischen 784 m an der Phantom Ranch am Canyongrund und 2100 m am South Rim bzw. 2560 m am North Rim*
- *Im Schnitt 4,7 Millionen Besucher pro Jahr, davon entfallen nur 10 % auf den North Rim*
- *Die Hauptsaison dauert von April bis Oktober und auch die Ferienwochen enden im Winter zählen dazu. Der August ist der Monat mit dem höchsten Besucheraufkommen*

„Der schummrige Pfad führte uns an seinen Rand, wo wir in die zwölfhundert Fuß lange, V-förmige Kluft hinabblicken konnten, die der Fluss in das dunkle, grobkörnige archäische Gestein geschnitten hatte. Wie deutlich sah es aus, wie ein neuer Tag in der Schöpfung, wo sich die horizontalen, gelblich-grauen Schichten des Kambriums auf den dunklen, amorphen und verdrehten älteren Granit gelegt hatten! Wie sorgfältig waren die ebenen Schichten an die formlose Masse unter ihnen angepasst worden!" John Burroughs

Wie, Wo, Was

Der erste Blick über die Schlucht ist schier atemberaubend. Am Morgen und Abend präsentiert sich der Canyon als eigenständige Landschaft, als Meer aus Formen, Farben, Licht und Schatten, größer und spektakulärer als man zu hoffen gewagt hatte. Das Mittagslicht dagegen ebnet die Dimensionen auf eigentümliche Weise ein, raubt die Kontrolle über Entfernung und Größe. Hat man sich dann wieder besonnen, stellt sich die eine Frage: Wie verewigt man die Unendlichkeit?

Viele Kräfte haben an dem einzigartigen Panorama dieser Canyonlandschaft mitgewirkt und doch fesselt den Photographen nicht nur die Weite des Bildes. Überall lassen sich im scheinbaren Chaos der Plateaus, Kliffs und Tempel Details entdecken, die für sich allein ein anderes, subtileres Bild dieser großen Landschaft zeichnen.

Die große Schlucht des Colorado River führt vom Glen Canyon Dam im Norden in den Lake Mead 443 km südwestlich. Der von den etablierten Aussichtspunkten am Nord- und Südrand aus sichtbare Teil des Canyons kommt von Norden durch die Tanner Schlucht, zieht einen weiten Bogen um die hervorspringende Klippe

„Kaibab" nannten die Paiute Indianer den Canyon: „Auf den Kopf gestelltes Gebirge". – Die Schlucht ist ein Protokoll über die Hälfte der geologischen Zeitrechnung!

Abendstimmung am Hopi Point

des Cape Royal und führt dann, ganz leicht nach Norden versetzt, weiter in westliche Richtung.

Im Norden bildet das 2700 Meter hohe Kaibab Plateau die zerklüftete Bruchkante. Die Oberfläche des Coconino Plateaus im Süden ist demgegenüber tellereben, fällt vergleichsweise steil ab und erreicht nur 2300 Meter. Beide Plateaus sind mit der dichten grünen Decke des Kaibab National Forest bedeckt. Generell ist ein Temperaturgefälle von 10 °C zwischen Süd- und Nordrand zu verzeichnen. Auf dem Weg hinunter zum Canyongrund wird es dann noch einmal um durchschnittlich 7 °C wärmer.

Höhepunkt im Jahreslauf ist der Herbst mit der im Oktober einsetzenden spektakulären Laubfärbung der ausgedehnten Wälder. Der zumeist strahlend blaue Himmel verschmilzt dann mit den vielfarbigen Felsen, den goldgekrönten Espen und immergrünen Tannen zu einer wunderbaren Einheit.

Geographische Orientierung und die photogensten Tageszeiten

Die Ost-West-Orientierung erleichtert das photographische Handwerk, denn so sind alle in den Canyon blickenden Aussichtspunkte beinahe gleich gut geeignet, um die Panoramen und Formationen im Licht der niedrig stehenden Sonne aufzunehmen.

Das erste Licht des Morgens lässt den rötlich-gelben Kalkstein gleich unterhalb der Bruchkante erleuchten. Wenig später werden, eine nach der anderen, die vielfarbigen Erdschichten in der Tiefe sichtbar. In der zweiten Tageshälfte erlebt man dieses Schauspiel rückwärts und die Schatten kriechen zurück an die Oberfläche, verschlingen Farben und Details, bis die Nacht diese riesige Narbe schwarz ausfüllt.

Schatten geben Bildern so weiter Landschaften, wie dem Grand Canyon, erst die richtige Tiefenwirkung

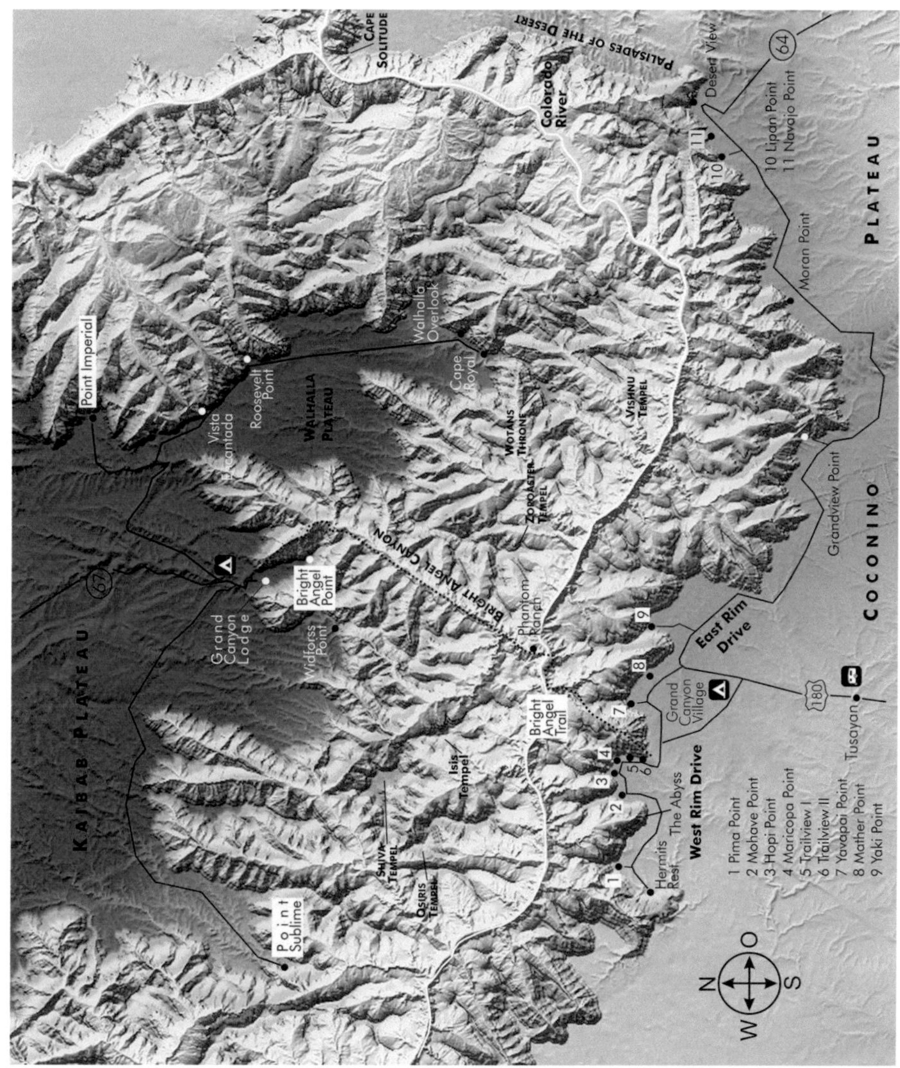

Photographische Besonderheiten

Größtes Problem am Grand Canyon ist es, seine sprichwörtliche Größe in die Aufnahmen zu übersetzen. Panoramablicke, schnell vom nächstbesten Aussichtspunkt zur Mittagszeit photographiert, sind dazu völlig ungeeignet. Je höher die Sonne steht, um so kürzer werden die Schatten und um so flacher, kontrastloser und eindimensionaler wird das Bild. Beschränken Sie die Arbeit deshalb auf die zwei Stunden nach Sonnenaufgang bzw. vor Sonnenuntergang. Am effektivsten nutzen Sie dann das Licht, wenn Ihr Motiv in entgegengesetzter Richtung zur Sonne liegt. Großräumige Übersichten sollten Sie aufnehmen, wenn das Licht

Blick nach Norden über den Grand Canyon Südrand
am 01.07. um 06:00 Uhr, Sonnenaufgang um 05:19 Uhr

Blick nach Norden über den Grand Canyon Südrand
am 01.07. um 12:30 Uhr

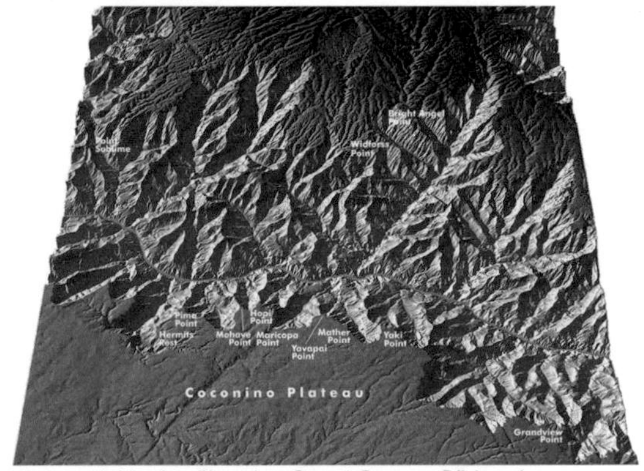

Blick nach Norden über den Grand Canyon Südrand
am 01.07. um 19:00 Uhr, Sonnenuntergang um 19:44 Uhr

von vielen kleinen Wolken verteilt wird und der Himmel so abwechslungsreich strukturiert ist. Neben flachem Licht ist ein Vordergrund mit aktiven Nah- und Fernpunkten ein weiteres Mittel, um den Aufnahmen Tiefe und Räumlichkeit zu geben. An fast allen Aussichtspunkten wachsen reizvoll geformte Wacholderbüsche und Kiefern, die sich ins Bild einbeziehen lassen. Oder platzieren Sie Ihre(n) Reisebegleiter(in) im Vordergrund, vielleicht mit etwas Blitzaufhellung!?

Der Canyon selbst

Das Canyoninnere ist neben Nord- und Südrand der dritte große Bereich des National Parks und wenn Sie nicht gerade mit dem Schlauchboot von Lees Ferry aus kommen, erreichen Sie es nur zu Fuß. Von North und South Rim führen verschiedene Wege hinunter. Ihnen allen gemein ist, dass sie auf den langen Strecken von mehr als 10 km den gewaltigen Höhenunterschied von über 1000 m überbrücken und damit einige Ansprüche an die persönliche Leistungsfähigkeit stellen. Verpflegung und mindestens 2 l Wasser, die Sie auch wirklich trinken, gehören zur Grundausstattung. Im Visitor Center können Sie sich genau über mögliche Gefahrenquellen und Vorsichtsmaßnahmen informieren. Unterwegs können Sie, ein Backcountry Permit vorausgesetzt, in speziell dafür vorgesehenen Bereichen des Parks, so genannten Use Areas, campen.

Aber genauso wie die Übernachtungsmöglichkeiten in der Phantom Ranch am Canyongrund ist die Anzahl der Permits begrenzt: 1998 zählte die Verwaltung 30 000 Anträge, denen sie mit nur 14 000 Genehmigungen entsprach. Auch Reservierungen für die Phantom Ranch laufen bis zu ein Jahr im Voraus. Allerdings gibt es eine nicht unbeträchtliche Zahl von Stornierungen und damit zumindest eine Chance auf ein kurzfristiges Bett..

„Die meisten Grand-Canyon-Wanderer sind zum ersten Mal hier, und obwohl viele von ihnen begeisterte Wanderer sind, stellen sie fest, dass eine Wanderung im Grand Canyon ganz anders ist als die meisten anderen Rucksacktouren. Sie neigen dazu, auf eine von zwei Arten auf diese Erfahrung zu reagieren: entweder können sie es kaum erwarten, wieder zurückzukommen, oder sie schwören, dass sie es nie wieder tun werden." www.thecanyon.com/nps/backpacking

Noch etwas zur Sicherheit: Begegnen Sie unterwegs der Mulikarawane, die die nicht so gut konstituierten hinunter- und hinaufträgt, treten Sie an den Innenrand, verhalten Sie sich ruhig und leisten Sie den Anweisungen der Wrangler Folge. - Wenn sich ein Tier erschreckt und durchgeht, kann das leicht jemanden das Leben kosten!

Die angegebenen Wanderzeiten sind Mindestzeiten ohne Photostops. Einen frühen Start vorausgesetzt ist es grundsätzlich möglich vom Südrand aus an einem Tag bis zur Phantom Ranch hinunter und wieder hinauf zu gehen (8-10 Std. bei strammer Gangart). Bedenken Sie immer, dass der steilere Rückweg mehr Kraft und Zeit kostet als das Stück bergab.

Der Südrand

Wegweiser

Egal von wo man kommt, der Landschaftswechsel aus der Ebene hinauf zu den subalpinen Kiefern- und Fichtenwäldern des Coconino Plateaus ist beeindruckend. Der Südrand ist an jedem Tag im Jahr rund um die Uhr zugänglich. Wenn Sie innerhalb des Parks auf einem der drei Campingplätze (das Trailer Village bietet auch Hook-ups für Wohnmobile) oder in den Hotels direkt am Canyon übernachten wollen, müssen Sie jede Art von Unterbringung so früh wie möglich reservieren (Camping über den National Recreation Service auf http://www.recreation.gov, Lodging über Xanterra Parks & Resorts auf http://www.grandcanyonlodges.com.

Die Rt-64 ist die einzige Verbindung zum Südrand und zum Grand Canyon Village. Von Cameron im Westen sind es 51 Meilen, Williams liegt 56 Meilen weit im Süden.

Das Spiel mit der Schärfeebene verleiht Bildern so weiter Landschaften, wie dem Grand Canyon, zusätzliche Tiefenwirkung

Tusayan, quasi direkt vor den Kassenhäuschen des Südeingangs gelegen, bietet ebenfalls Hotels, Motels und einen weiteren Campingplatz. Hier starten die Rundflüge in Helicoptern und Flugzeugen und es können PKW angemietet werden.

Innerhalb des Parks stellt sich die Verkehrslage grundsätzlich wie folgt dar: Der East Rim Drive, also der Teil der Rt-64 zwischen dem östlichen Parkeingang und dem Grand Canyon Village, ist für den Individualverkehr freigegeben.

Der West Rim Drive, der auch Hermit Road genannt wird, weil er vom Village zu Hermits Rest im Westen führt, ist zwischen Anfang März und Ende November nur für Fußgänger und die kostenlosen Shuttlebusse der Red Line (Hermits Rest Route) geöffnet. Sie verkehren zwischen Village Route Transfer und Hermits Rest und halten von Osten nach Westen an den folgenden Aussichtspunkten: Trailview Overlook, Maricopa Point, Powell Point, Hopi Point, Mohave Point, The Abyss, Monument Creek Vista, Pima Point, Hermits Rest. In östlicher Richtung gibt es die folgenden Haltestellen: Hermits Rest, Pima Point, Mohave Point, Powell Point, Village Route Transfer. Die gesamte Hin- und Rückfahrt dauert 30 Minuten. Darüber hinaus verkehren zwei weitere Linien. Die blaue Linie (Village Route) verbindet das Village mit dem Grand Canyon Visitor Center in der Nähe von Mather Point. Die dritte grüne Linie (Kaibab/Rim Route) verbindet das Grand Canyon Visitor Center mit Yavapai Point im Westen und Yaki Point im Osten. Alle Linien verkehren von 04:30 bis 22:00 Uhr oder eine Stunde nach Sonnenuntergang, je nach Tageszeit im 30- oder 15-Minuten-Takt. Sie brauchen sich also nicht zu beeilen, sondern können das Licht nach Sonnenuntergang bis zum Ende genießen. Dann sind Sie an den Aussichtspunkten ohnehin fast immer allein, denn die meisten Menschen machen sich schnell auf

Das Gegenlicht läßt die Felsriffe verschwimmen

den Weg, sobald die Sonne untergegangen ist. Den genauen Fahrplan entnehmen Sie dem Grand Canyon Guide Newspaper, der kostenlos erhältlich ist. Die Busse sind behindertengerecht. Da die Parkmöglichkeiten an den Aussichtspunkten sehr begrenzt und eigentlich immer überfüllt sind, kann man nur raten, sein Fahrzeug den eigenen Nerven zuliebe auf einem der ausgewiesenen Parkplätze im Village abzustellen und von dort mit dem Shuttlebus weiterzufahren.

Motive westlich des Grand Canyon Village

Die Frage nach der Wahl eines Aussichtspunktes für den Sonnenauf- oder -untergang ist beinahe akademisch: Der Blick auf die Formationen ist von überall gut, einzig entscheidend ist, ob Sie die Sonne tatsächlich über den Horizont kommen oder gehen sehen möchten.

Mather Point und Desert View Point sind am Morgen erste Wahl, Hopi Point und Yavapai Point am Abend. Ausblick und Licht sind atemberaubend, doch kommen Sie früh und verteidigen Sie den Raum um Ihr Stativ mit Klauen und Zähnen, denn die Konkurrenz ist immer groß!

Entspannter, ganz ohne Gedränge, arbeitet es sich ein paar Meter abseits der Terrassen auf dem Rim Trail oder von den Punkten aus, an denen der Shuttlebus auf seiner Fahrt zurück ins Village nicht hält, zum Beispiel Powell Memorial, nur einen Steinwurf von Hopi Point entfernt ...

Beginnen Sie Ihre Tour des West Rim am Morgen im Zentrum des Village auf dem Rim Trail.

In Höhe von Lookout Studio und Kolbs Studio können Sie die regelmäßig vom Corral aus startenden Muli Treks in den Canyon auf dem darunter liegenden Bright Angel Trail aufnehmen.

Trailview I und II geben weitere Ausblicke auf diesen Wanderweg und das gegenüberliegende Village. Trailview II wird weniger stark fre-

quentiert und hat eigentlich die bessere Aussicht.

Maricopa Point können Sie entweder auf einem östlichen Loop durch ein kleines Wacholderwäldchen mit Blick auf die ganze Länge des Canyons bis zum Dessert View oder einem westlichen Loop mit wirklich guter Aussicht in alle Richtungen erkunden.

Das Powell Memorial ist wie oben angedeutet ein kleiner Geheimtip und bietet rundum gute Aussicht.

Vom Hopi Point aus wirkt der Colorado bei Sonnenuntergang wie mit geschmolzenem Gold gefüllt. Er ist der beliebteste Punkt im ganzen Park, um auf den Sonnenuntergang zu warten und zur Dämmerung dementsprechend voll. Beginnen Sie Ihre Arbeit am Ostrand der Terrasse, bevor die Sonne zu sinken beginnt. Die im Osten liegenden Formationen baden dann im Licht der schon niedrig stehenden Sonne und es gibt viele Bäume, die Sie mit in den Vordergrund einbeziehen können. Vom westlichen Rand der Plattform aus können Sie später die im Vordergrund liegenden Kliffs mit in die Aufnahme einbeziehen. Da der Kontrastumfang in jedem Fall sehr groß ist, sollte der Belichtung besondere Beachtung geschenkt werden. Der analoge Photograph braucht exakte Messungen mit dem Spotmeter und einen Satz Grauverlauffilter, um ihn zu meistern. Damit kann sein digitaler Kollege natürlich auch arbeiten, aber prinzipiell hat es besser, denn er braucht sich nicht um genaue Werte zu scheren. Eine schnelle Aufnahmeserie aus richtiger Belichtung und +/- 2 Belichtungsstufen, die später am Computer mittels Dynamic Range Increase zu einem pseudo High Dynamic Range Image (HDRI) kombiniert wird, erleichtert ihm das Leben. „Pseudo", weil dabei in einem 8 Bit Format gespeichert wird, das für jeden Farbkanal nur 256 Helligkeitsstufen zur Verfügung stellt. Um den tatsächlich vorhandenen Helligkeitsumfang zu speichern, so wie es echte HDR-Bilder tun, sind aber mehr Bits, also mehr Helligkeitsstufen, notwendig. Unter- und Überbelichtung sollten durch Verlängern oder Verkürzen der Belichtungszeit, nicht aber durch Ab- oder Aufblenden, realisiert werden. Letzteres verändert auch die Schärfentiefe, und das ist selten gewünscht. Bei zu stark bewegten Motiven hilft auch folgender

Pima Point: 2 Min. Belichtungszeit entlocken auch der Düsternis nach Sonnenuntergang erstaunlich viele Details.

Trick bei der RAW-Entwicklung des Bildes: Man entwickelt einmal auf die Lichter und einmal auf die Schatten, so dass man zwei Bilder hat, die im jeweiligen Bereich Zeichnung aufweisen. Beide werden dann, wie zuvor, im Bildbearbeitungsprogramm zu einem Einzigen kombiniert, dass die gewünschte Charakteristik aufweist.

Wenn der Himmel im Westen von einer interessanten Wolkenbildung verfeinert wird, sollten Sie den Rückweg etwas hinauszögern. Das beste Licht in den Wolken ergibt sich erst 15 Min nach Sonnenuntergang und darauf lohnt es sich zu warten. Diese Position ist ebenfalls perfekt, da der Colorado River das Licht der niedrig stehenden Sonne aus der Tiefe des Canyons reflektiert und als silbernes Band sichtbar wird.

Der Mohave Point wird im Osten durch die Klippen des Hopi Point abgeschirmt, weshalb ihm der Blick auf die spektakulären Formationen in dieser Richtung fehlt. Er schaut jedoch direkter auf den in der Dämmerung reflektierenden Colorado hinunter.

Bis zum Pima Point liegen nun einige nicht markierte Parkbuchten am Rim Drive, von denen aus Sie über The Abyss, einen hufeisenförmigen 1000 m tiefen Felssturz, blicken. Pima Point liegt exponiert an der Spitze eines Vorsprungs und bietet einen 180° Rundblick, womit er sich für Aufnahmen der Formationen im Westen am Morgen und den Sonnenuntergang gleichermaßen qualifiziert. Er ist ebenfalls einer der Punkte, von denen aus der Fluss in der Tiefe zu sehen ist.

Hopi Point: Super Blick nach Westen in den Sonnenuntergang

Yavapai Point bietet durch seine exponierte Lage den wohl besten Blick auf die Formationen des östlichen Grand Canyon

Hermits Rest markiert das Ende des West Rim Drives und bietet einen weiten Blick nach Osten in den Canyon. Leider sind die Formationen für ein beeindruckendes Bild zu weit entfernt und so lohnt der Besuch nur, wenn Sie wirklich alle Punkte gesehen haben wollen. Um für einen schönen Sonnenuntergang zu sorgen, sollten Sie die Glocke vor dem Kiosk mit einem Steinwurf blind über den Rücken treffen - das bringt Glück!

Motive östlich des Grand Canyon Village

Yavapai Point konkurriert mit Hopi Point um die Ehre des allerbesten Sonnenuntergangs. Der einzig mögliche Rat muss hier lauten: Reservieren Sie zwei Abende, beide sind zu spektakulär, um sie zu verpassen. Nach Osten haben Sie von Yavapai aus einen einzigartigen Blick auf die im rosa Licht liegenden Formationen, während Sie die Sonne gleichzeitig im Westen untergehen sehen können. Zurecht stehen die Besucher hier zu dieser Zeit dicht gedrängt. Entlang des Rim Trails finden sich in der Umgebung des Observatoriums genügend Kiefern, um den Vordergrund zu gestalten und wenn das Wetter nicht so gut ist, können Sie die Aussicht zumindest durch die großen Glasfenster des Observatoriums genießen.

Der Mather Point hat einen sehr guten Ausblick nach Norden und Westen. Die beste Photozeit ist der Sonnenaufgang, wenn die Spitzen der im Westen liegenden Kliffs vom goldenen Morgenlicht getroffen werden. Zu dieser Zeit wird es hier regelmäßig recht voll. Im Frühjahr und Sommer können Sie einen spannenden Teleschuss aufnehmen, wenn die Sonne nahe dem Shiva Temple aufgeht.

Yaki Point liegt am Ende einer Stichstraße des Rim Drives, von wo aus auch der Kaibab Trail abzweigt. Er gewährt Einblick in den zentralen Teil des Canyons.

Vom Desert View Point schauen Sie weit in die Granite Gorge

Grandview Point liegt an einer eingezogenen Stelle des Rim und so ist die Blickrichtung auf den Nordwesten und Nordosten beschränkt. Ihn können Sie am Morgen und späten Nachmittag gleichermaßen gut aufsuchen.

Moran Point liegt dem Grandview Point im Osten gegenüber und sein Ausblick geht primär nach Nordwesten. In seiner Umgebung gedeihen viele schön gewachsene Pinyon Pines, die Sie mit in Ihre Bilder einbeziehen können, um zu dokumentieren, wie sie überleben, in dem sie zum Teil absterben. Von der östlichen Bruchkante aus bietet sich ein exzellentes Hochformat des Flusses mit einem Felsvorsprung im Vordergrund und der Painted Dessert dahinter an.

Lipan Point hat von allen Punkten am Südrand den spektakulärsten Ausblick nach Westen und auf den Fluss, der sich in einer photogenen S-Kurve direkt unterhalb windet. Diesen Teil des Colorado nehmen Sie am besten am frühen Nachmittag auf, bevor er im Schatten versinkt.

Vom Navajo Point aus können Sie in einem Teleschuss einen Teil des Aussichtsturms am Dessert View mit in die Bilder einbeziehen.

Der Dessert View Point ist in dieser Folge der letzte Aussichtspunkt am East Rim Drive und der im traditionellen Stil aus Bruchsteinen errichtete Beobachtungsturm verleiht ihm besonderen Reiz. Am frühen Morgen können Sie ihn vor den Sonnenaufgang stellen und den Vordergrund beleben. Der Aussichtspunkt selbst, an der Spitze des Kliffs gelegen, hat einen guten Blick nach Westen und einen noch Besseren nach Norden auf die große Biegung des Flusses um das Cape Royal am North Rim.

Motive entlang der Wanderwege

Zur Eingewöhnung gibt's den Rim Trail. Er ist recht eben, zur Hälfte geteert und führt über 15,2 km parallel zur Bruchkante vom Yavapai Point, nahe dem Visitor Center, bis Hermits Rest ganz am Ende des West Rim Drives. Ihn können Sie in Etappen gehen und sich jeweils mit dem Shuttlebus zurückbringen lassen.

Der Bright Angel Trail ist gut ausgebaut und der Weg, den neben den Mulis (sie gehen hier hinunter und kommen über den South Kaibab Trail wieder hinauf) auch die meisten anderen Besucher nehmen. Er beginnt an Kolb's Studio, wo auch der West Rim Drive seinen Anfang hat. 15,7 km sind es von hier bis hinunter zur Phantom Ranch und dabei verlieren Sie 1347 m an Höhe. Pausieren oder umkehren können Sie nach 2,4 km am 1 1/2-Mile Resthouse (348 m Höhenunterschied), nach 4,8 km am 3-Mile Resthouse (591 m) und nach 7,4 km an den Indian Gardens (933 m). Überall gibt's Trinkwasser. Danach gabelt sich der Weg nach Westen zum Plateau Point (9,8 km, 945 m), von wo aus Sie einen wunderbaren Blick in den innersten Teil der großen Schlucht haben und weiter hinunter zur Bright Angel Suspension Bridge.

Der South Kaibab Trail folgt im Gegensatz zu den anderen Wanderwegen keinem Seitencanyon, sondern geradewegs den Felsgraten hinunter, weswegen er direkten Blick in den Canyon gewährt. Aber er ist streckenweise auch besonders steil und es gibt kein Trinkwasser. Er beginnt nahe

Bright Angel Trail von Trailview II

dem Yaki Point am East Rim Drive und bis hinunter zur Phantom Ranch sind es 11,1 km mit einem Höhenunterschied von 1433 m. Nach 2,4 km und 287 m Höhenunterschied erreichen Sie mit Cedar Ridge einen feinen Aussichtspunkt.

Die Motive umfassen hauptsächlich Panoramen mit dem zur Abwechslung hoch im Bild stehenden Nordrand als Horizont und, im Vergleich zu den Aussichtspunkten oben, Nahaufnahmen vom Fluss. Ein Weitwinkelzoom und schneller Film halten das Gepäck erträglich klein und leicht. Unten angekommen gelangen Sie nach Westen, parallel zum Fluss, über den 2,4 km langen River Trail zum Bright Angel Trail, über den Sie, weniger steil als zuvor hinunter, wieder zum South Rim zurücksteigen können. Aber nur, wenn Sie noch in ausreichend guter Verfassung sind und 5-6 Std. Tageslicht übrig haben (29,2 km hin und zurück).

Neben diesen beiden gut instand gehaltenen Wegen gibt es auch noch zwei unmaintained wilderness trails. Grandview Trail beginnt nahe dem Grandview Point am East Rim Drive und führt auf 4,8 km zur Horseshoe Mesa hinunter (793 m Höhenunterschied). Er weist sehr steile Abschnitte und einige enge Serpentinen auf. Auswaschungen und große Felsen halten Anfänger fern und sorgen für genussvolle Einsamkeit. Der Hermit Trail nimmt seinen Anfang an Hermits Rest am Ende des West Rim Drives. Über 13,6 km und 1293 Meter Höhenunterschied geht's von hier hinunter zum Colorado. Santa Maria Springs ist der Umkehrpunkt nach 4 km und 488 Höhenmetern. Wasser, das hier im Frühjahr aus den Quellen tritt, muss unbedingt chemisch behandelt werden, bevor es getrunken werden kann.

Wenn Sie hier auf dem Grandview- oder Tonto Trail auf alte Minenschächte stoßen, halten Sie sich fern: In ihrem Innern herrschen hohe Konzentrationen an schädlichem Radongas!

Maultierkarawane auf dem Weg in den Canyon

Minimalprogramm und Tagesablauf

Ein ganzer Tag von Sonnenauf- bis Sonnenuntergang, um den Grand Canyon von einigen unterschiedlichen Aussichtspunkten aus im wechselnden Licht der Tageszeiten zu erleben und zu begreifen. Ein weiterer Tag, um den Bright Angel Trail bis zu den Indian Gardens zu erlaufen und noch so einen Sonnenuntergang zu erleben, dessen man wohl nie überdrüssig wird.

Der Nordrand

Wegweiser

Von der Rt-89 aus nehmen Sie zuerst die Rt-89A nach Westen und in der kleinenOrtschaft Jacob Lake dann die Rt-67 nach Süden. Zu Beginn der Rt-89A überqueren Sie zuerst den Marble Canyon, ein schönes Motiv mit der Navajo Bridge im Vordergrund und es bietet sich an, danach den kurzen Abstecher zu Lees Ferry zu machen, wo Canyon und National Park beginnen. Die alte Mormonenfurt ist auf weite Strecke die einzige Stelle, um den Canyon von unten, von Wasserhöhe aus, zu sehen, ohne eine Flussfahrt zu unternehmen. Direkt am Weg liegen die beiden großen Balanced Rocks, gut am Nachmittag aufzunehmen.

Cape Royal: Blick hinüber zum Südrand

Im weiteren Verlauf steigt die Rt-89A kontinuierlich an und es sind schöne Ausblicke auf die weite Ebene des Arizona Strips im Westen und das Paria Plateau im Nordosten zu genießen, bevor Jacob Lake inmitten des Kaibab Waldes erreicht ist. 44 mi oder eine knappe Stunde sind es dann noch von hier über die Rt-67 zum North Rim.

Straße und touristische Einrichtungen sind nur zwischen Mitte Mai und Mitte Oktober für den Publikumsverkehr geöffnet. Danach gibt's nur noch Tagesbesuche, bis die Schneefälle diesen Teil des Parks früher oder später ganz vom Rest der Welt abschneiden.

Einzige Unterkunftsmöglichkeit ist die Grand Canyon Lodge mit einem angegliederten einfachen Campingplatz (keine Hook-ups für Wohnmobile).

5 mi nördlich des Parkeingangs liegen die Kaibab Lodge und der De Motte Campground des Forest Service an der Rt-67, geöffnet von Mitte

Februar bis Mitte November. Jacob Lake bietet ebenfalls nur zwei Campingplätze und ein Motel als Alternative und so gilt auch hier: Frühestmöglich reservieren, um sich viel Fahrerei zu ersparen.

Motive am Nordrand

Die Aussichtspunkte verteilen sich im Halbrund auf dem nach Süden vorspringenden Rücken des Kaibab Plateaus um die Lodge.

Die nach Westen gehenden Punkte Point Imperial, Vista Encantadora, Painted Dessert Overlook und Cape Final bieten sich natürlich an, um den Sonnenaufgang selbst zu beobachten, wobei der Canyon noch im Schatten liegt. Point Sublime ist der westlichste und nur über eine 27 km lange Staubstraße (Abzweig direkt südlich der Eingangsstation) mit einem geländegängigen Fahrzeug zu erreichen. Sie sollten sich auf jeden Fall über den Straßenzustand informieren. Der Ausblick erstreckt sich von dort sehr viel weiter in den westlichen Canyonteil, als dies vom Südrand aus möglich ist.

Bright Angel Pt: Blick in die enge Klamm des Bright Angel Canyon

Die beste Zeit, um zu beeindruckenden Bildern zu gelangen, sind natürlich ebenfalls Sonnenauf- und -untergang, wenn die Sonne die Formationen von der Seite beleuchtet und ihr Schattenwurf den Aufnahmen die Tiefe gibt, ohne die man die gewaltigen Ausmaße der Schlucht nicht ermessen kann.

Der Bright Angel Point liegt nahe der historischen Grand Canyon Lodge mit ihren touristischen Annehmlichkeiten. Aufgrund seiner rechtwinkligen Lage zum Canyon verlangt auch er nach dem flachen Licht am Morgen oder späten Nachmittag. Direkt gegenüber in rund 15 km (9 mi) Entfernung erkennen Sie die Gebäude des Grand Canyon Village auf dem Südrand und bei guter Sicht auch die noch weiter entfernt liegenden symmetrischen Vulkankegel der San Francisco Mountains bei Flagstaff.

Im Osten findet sich zunächst Point Imperial, mit 2934 m (der höchstgelegene Aussichts-

Walhalla Overlook

punkt über dem Canyon und der erste auf dem weit in die Schlucht ragenden Walhalla Plateau. Der Blick erstreckt sich von hier aus über die Painted Dessert im Osten und die beherrschende Formation des Mt. Hayden, der zu allen Tageszeiten ein gutes Motiv abgibt, sowie nach Norden bis zum Marble Canyon. Der späte Morgen ist der beste Kompromiss, um zu aussagekräftigen Bildern zu kommen.

Die Vista Encantadora, ein Stück weiter südlich, öffnet die Aussicht auf den Little Colorado River, der sich unterhalb des Cape Solitude mit seinem großen Namensvetter vereinigt. Auch ihn suchen Sie am besten am Vormittag auf.

Cape Final erreichen Sie auf einem 2,4 km langen Trail ab dem gleichnamigen Parkplatz an der Cape Royal Road. Weg und Aussichtspunkt bieten spektakuläre Ausblicke in den nord-südlich verlaufenden Canyon.

Cape Royal ist der letzte Aussichtspunkt an der Spitze jenes mächtigen Plateaus, um das sich der Fluss in einer großen Schleife nach Westen windet. Unterhalb des 400 m langen Trails zum Aussichtspunkt liegt Angel's Window, eine natürliche Felsbrücke, mit der Sie die Bilder des darunterliegenden Flusses sehr gut rahmen können.

Motive entlang der Wanderwege

Der Transept Trail folgt dem Rim oberhalb des Transept Canyons auf 2,4 km von der Lodge zum Campingplatz. Für den Weg hin und zurück sollten Sie 2 Std. kalkulieren.

Der Ken Patrick Trail beginnt an der North Kaibab Trailhead Parking Lot und führt durch waldreiches Gelände und entlang der Canyonkante über 16 km zum Point Imperial.

Der Uncle Jim Trail zweigt vom Ken Patrick Trail ab und erreicht in einer 8 km langen Schleife den Uncle Jim Point, der die Serpentinen des North Kaibab Trails überblickt.

Den Widforss Trailhead erreichen Sie über die Staubstraße zum Point Sublime. Er führt über 8 km, zur einen Hälfte an der Bruchkante entlang zur anderen durch den Wald, zum Widforss Point. Hin und zurück sollten Sie ruhig 6 Std. kalkulieren.

Der hin und zurück 1,6 km lange Cliff Springs Trail beginnt gegenüber dem Angels Window Overlook an der Straße zum Cape Royal. Durch eine bewaldete Schlucht und vorbei an einem kleinen indianischen Siedlungsrest führt er zu der Quelle, deren Wasser nicht genießbar ist.

Der North Kaibab Trail startet 2 mi nördlich der Lodge und ist der einzige Wanderweg am North Rim, der zum Colorado hinunterführt. Durch den Roaring Springs Canyon und den Bright Angel Canyon geht es über 22,5 km und 1732 Höhenmeter hinab zur Phantom Ranch und nur wahre „Iron men and women" gehen ihn an einem Tag hin und zurück. Wenn Sie am Fluss übernachten wollen, müssen Sie Ihren Platz in der Phantom Ranch bzw. Ihr Backcountry Permit so früh wie möglich reservieren. Für diese beschwerliche Wegstrecke sollten Sie Ihre Ausrüstung weitgehend beschränken: Ein 24er für das Dramatische sowie ein leichtes Telezoom genügen völlig und bevor Sie sich mit einem Stativ belasten, greifen Sie lieber zu 200 ASA-Material.

Rasten oder umkehren können Sie an folgenden Punkten: Supai Tunnel (3,2 km, 439 m Höhenunterschied), Roaring Springs (bis hierher gehen die Mulikarawanen, 7,6 km, 927 m), Ribbon Falls (Wasserfall, 13,5 km, 1378 m).

Minimalprogramm und Tagesablauf

Der North Rim liegt zwar nur einen langen Steinwurf von seinem übervölkerten Gegenüber entfernt und doch schon in einer anderen, stillen Welt, voller Bilder, die noch nicht tausendmal gedruckt sind. Einen ganzen Tag samt Übernachtung sollten Sie investieren, um diese unverbrauchte Luft zu atmen.

Toroweap Point

● *1830 m hoch gelegen*

Hier gibt sich der Canyon eindeutig als mächtige Schlucht zu erkennen und versteckt sich nicht in jener weit gefächerten Landschaft horizontaler Tontoplattformen, die das Bild am Nord- und Südrand dominiert. Hier schauen Sie entlang der 1000 m tiefen geraden Felswände direkt auf den Fluss hinunter, das macht Toroweap so atemberaubend und einzigartig! Leider liegt dieser Aussichtspunkt weitab, ganz im Nordwesten des National Parks auf dem Uinkaret Plateau, dessen vulkanische Herkunft man den gerundeten Kegeln des Mt Trumbull und Vulcans Throne ansieht.

Um zum Toroweap Point zu gelangen, biegen Sie 8,2 mi westlich von Fredonia von der Arizona Rt-389 auf die unbeschilderte Mount Trumbull Loop Road (Staubstraße) nach Süden ab. Von dort aus sind es 60 mi. Nach 100 m kommt dann schon das Hinweisschild für den Toroweap Point. Auf diesem Weg braucht man pro Strecke mindestens 90 Minuten. Die letzten 4 mi führen über Fels und sind dementsprechend rumpelig. Sofern der letzte Regen schon eine Weile zurückliegt und die Piste gut getrocknet ist, kann man es auch wagen, sie mit dem Wohnmobil zu befahren.

Wieder eine normale Schlucht:
Der Grand Canyon am Toroweap Point

Südlich der Rt-389 gibt es keine Services mehr und deshalb sollte man genug Benzin für die 120 mi hin und zurück im Tank und ausreichend Wasser (einige Liter) dabei haben. Selbstverständlich sollte das Fahrzeug auch über ein intaktes Reserverad verfügen.

Einsame Felslandschaft am Toroweap Point

Von St. George aus können Sie auch eine Alternativroute nehmen und unterwegs die alte Siedlung Mt. Trumbull inmitten der Leere des Arizona Strips besuchen. Einige der Häuser sind noch bewohnt, aber die meisten stehen leer. Daneben gibt es ein wiederhergerichtetes Schulhaus von 1922. Um hierher zu gelangen, folgen Sie ab St George/UT der I-15 nach Süden, verlassen diese an der Ausfahrt No 8 und fahren weiter auf der River Road nach Süden zur Arizona Grenze, um nach 18 mi auf die BLM Road 1096 abzubiegen. In der Nähe von Wolfe Hole biegen Sie auf die County Road 5 ab, auf der es weitere 34 mi nach Süden geht. Von Mt. Trumbull aus geht's weiter zum Toroweap Point über die County Road 5 nach Osten und die BLM Road 115 nach Süden (insgesamt 20 mi). Die letzten 5 mi können je nach Witterung ein Fahrzeug mit großer Bodenfreiheit erfordern. Die Staubstraßen erfordern zwar keinen 4-WD, sollten aber trotzdem nur bei trockener Witterung befahren werden.

Am Toroweap Point (auch: Tuweep) selbst gibt es nur eine Rangerstation und einen einfachen Campingplatz. Das Gebiet zählt zu den einsamsten in den USA und Besucher sind, außer an den Ferienwochenenden, sehr selten. Der exponiert liegende Aussichtspunkt bietet sowohl nach Nordosten als auch nach Südwesten einen guten Blick auf den Canyon und den Fluss, so dass Sie mit der Sonne am Vormittag und Nachmittag gute Aufnahmen machen können. Das spektakulärste Bild ergibt sich jeweils, wenn die hohen Kliffs noch im warmen Sonnenlicht glühen und die Tiefe der Schlucht schon im Zwielicht liegt. Der Kontrast kann dann leicht das zulässige Maß vieler Bildträger übersteigen. Um ihn zu meistern, können die im Abschnitt Hopi Point beschriebenen Techniken eingesetzt werden.

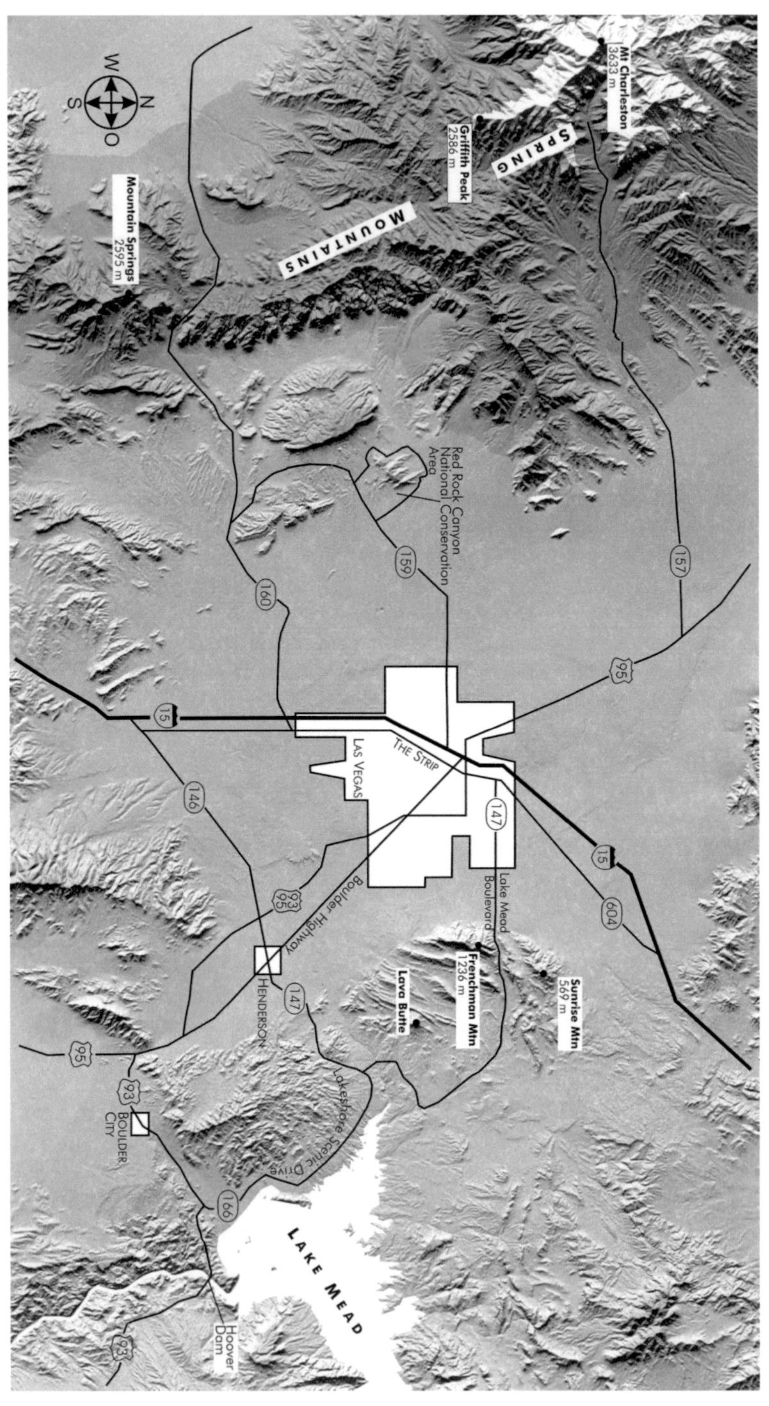

W
N
S
O
Mt Charleston
3633 m
Griffith Peak
2586 m
SPRING
Mountain Springs
2595 m
MOUNTAINS
Red Rock Canyon
National Conservation
Area
159
160
157
95
15
THE STRIP
LAS VEGAS
146
147
15
Boulder Highway
95
93
604
Lake Mead Boulevard
Frenchman Mtn
1236 m
Lava Butte
Sunrise Mtn
569 m
HENDERSON
147
95
Lakeshore Scenic Drive
93
BOULDER CITY
166
Hoover Dam
LAKE MEAD

Las Vegas und Umgebung

„I dont care if the sun dont shine, I do my drinking in the eavening time, when I'm in Las Vegas
You can sit in the sun and camp, I get my color from a sunray lamp, when I'm in Las Vegas
I love the laughs I love the lights, there's fun of every kind, Next time I come I bring my wife – I do that if I loose my mind
A wife in Vegas, take my advice, is like going to China with a sack of rice, when I'm in Las Vegas...” Dean Martin, *I love Vegas*

- **650 m hoch gelegen**
- **Rund 40 Millionen Besucher pro Jahr**
- **September, Oktober sind die besucherstärksten Monate**

Wie, Wo, Was

Würde man die Kamera von einem erhöhten Punkt aus bei Dunkelheit auf den Las Vegas Boulevard richten und einige Sekunden lang belichten, was würde die Aufnahme zeigen? Die Summe der Lichter ließe uns wohl einen leuchtenden Wurm sehen, in dem sich die Blechkarawane den Strip hinauf und wieder hinunter wälzt, umgeben von unzähligen kleinen und großen Lichtpunkten, die das Erstaunen der Menschen widerspiegeln.

Licht und Farbe, ständige Bewegung und Erneuerung dominieren den Las Vegas Boulevard und die phänomenal schnell um ihn wuchernde Supermetropole. Die regelmäßige Kosmetik sorgt dafür, dass der Strip noch immer die weltweit reizvollste Kunstlichtkonzentration bietet und auch nach den schon hinter ihm liegenden Jahrzehnten jeden Abend aufs Neue seine berauschende Wirkung entfaltet!

Wegweiser

Die I-15, Hauptverbindung zwischen der Westküste und dem Colorado Plateau, führt mitten durch die Stadt und macht Las Vegas zu einem guten Ausgangspunkt für eine Rundreise durch den US-Südwesten.

Herbergen gibt es wie Sand am Meer, die am Strip sind etwas teurer als die zwei Blöcke weiter entfernten. Um die Wege kurz zu halten, sollten Sie ein Bett in der Mitte des Las Vegas Boulevards wählen. Für Wohnmobilisten empfiehlt sich als einziger Platz nahe am Geschehen der Campingplatz am Circus-Circus Hotel.

7,5 km misst der Las Vegas Boulevard auf seinem spannendsten Abschnitt zwischen Tropicana Avenue im Süden und Fremont Street im Norden. Ziemlich viel selbst für neue Schuhe!

Vergessen Sie zur Entlastung die diversen Monorails – Sie verlaufen abseits des Strips hinter den Hotelkomplexen, verkehren zu selten und abends nicht lange genug. Der Las Vegas Strip Trolley ist preiswert und hält an fast allen Hotels, braucht dafür aber auch viel Zeit. Ein ganz guter Kompromiss sind die Doppeldeckerbusse der Line The Deuce. Sie fahren den Strip 24/7 im Abstand von 15 Minuten rauf und runter und halten an vielen wesentlichen Punkten. Je nach Verkehr kann die ganze Strecke zwischen Mandalay Bay und Downtown aber 80 Minuten dauern.

Infobuden gibt es an jeder Ecke, aber dort verkauft man viel lieber die eigenen Dienstleistungen, als wirkliche Beratung. Das echte Convention and Visitors Bureau befindet sich im Convention Center, 3150 South Paradise Road.

Flugzeuge starten und landen in Las Vegas normalerweise von Westen nach Osten, so daß die besten Plätze mit Blick auf den Las Vegas Boulevard auf der rechten Seite der Maschine vor den Tragflächen zu finden sind.

Geographische Orientierung und die photogensten Tageszeiten

Ohne das Wasser und die Elektrizität des Hoover Damms ist eine solche Metropole in dieser Lage nicht denkbar: Weit abgeschieden und von hohen Bergzügen umgeben liegt Las Vegas in einem Wüstental, das es mittlerweile zum größten Teil ausfüllt. Die Höhenzüge im Westen und Osten schatten die Sonne morgens und abends lange ab und verkürzen so die Dämmerungsphasen. Folgerichtig beginnt die Jagdzeit für Photographen zur „blauen Stunde" gegen 17:00 Uhr, wenn das Licht flacher wird, der Himmel ein bezauberndes Purpur annimmt und sich natürliches und künstliches Licht perfekt mischen. Und danach können Sie Ihre Kondition bis in den Morgen testen, denn Vegas ist für die Nacht gebaut, wenn alles Unästhetische bequem im Dunkeln verschwindet. Im direkten Sonnenlicht dagegen verlieren zwar nicht die Formen ihre Wirkung und man wird oft mehr Details erkennen können, aber es fehlt die schminkende Farbe.

Jahreszeiten in Las Vegas

Las Vegas liegt inmitten einer weiten, flachen Senke, die im Westen von den bis zu 2500 m hohen Spring Mountains begrenzt wird. Klimatisch zählt dies zur Mojave Wüste. Die Umgebung hier im südlichen Nevada ist, wie im übrigen Staat auch, rau, bergig und nur dünn besiedelt. Die bestimmenden Formationen der Basin Ranges - hunderte paralleler Bergketten, die von ebenso vielen Wüstentälern unterbrochen sind - hat aber auch ihren ganz eigenen landschaftlichen Reiz. Die nähere Umgebung der Metropole gleicht dank des Wassers des Lake Mead und des Stroms des Hoover Damms einer Oase mit langen Palmenreihen und großen Golfanlagen.

Das Klima ist wüstentypisch heiß und trocken mit mehr als 250 Sonnentagen und, dank der Lage im Regenschatten der Sierra Nevada, durchschnittlichen 10 cm Niederschlag pro Jahr. Die Hochsommermonate Juli und August bringen es auf mehr als 40° C. Dann gibt es nachmittags manchmal Gewitter, die aus Mexiko herüberziehen. Die Wintermonate sind vergleichsweise kühl mit Temperaturen um 16° C am Tag und nur 4° C in der Nacht. Der wenige Niederschlag, der überhaupt vorkommt, fällt zwischen Januar und März. Der frühe Frühling und der späte Herbst sind die besten Wochen einen Besuch zu machen, weil die Tage und Nächte angenehm warm sind.

Photographische Besonderheiten

Die konventionellen Tageslichtfilme reagieren auf künstliches Licht mit einem mehr oder weniger starken, warmen Farbstich. Und das ist ganz gut so, denn er unterstreicht das subjektive Empfinden. Reine Kunstlichtfilme geben solche Situationen vergleichsweise kühl wieder. Beide Varianten führen zu interessanten Bildern und Versuche schon zu Hause geben Sicherheit. Wenn Sie digital arbeiten, stellen Sie den Weißabgleich einfach ab und zu auf „Tageslicht", um diesen Effekt zu erzielen.

Eine analoge Variante ist der Cross-Prozess, bei dem ein belichteter Diafilm im eigentlich falschen Negativprozeß entwickelt wird und deshalb überraschend farb- und kontraststarke Negative produziert. Kunst- und Tageslichtsituationen werden auf diese Weise verfremdet und schaffen eine ganz eigene Bildwelt. Experimente sind auf jeden

Die große Sphinx vor der Pyramide des Luxor Hotels

Fall mit verschiedenen Filmen angeraten, denn jedes Material reagiert völlig anders auf dieses Verfahren. Bewegungseffekte von Menschen oder Autos mit Belichtungszeiten von einigen Sekunden beleben die Bilder und machen sie interessanter. Aufnahmen in den Hotels erfordern auch bei 400 ASA oft ein Stativ.

In den letzten Jahren kommt es immer häufiger vor, dass hoteleigenes Sicherheitspersonal das Photographieren z.T. auch in den öffentlichen Außenbereichen untersagen will, wenn die Herren aufgrund der Art der Ausrüstung einen professionellen Hintergrund vermuten. Spiegelreflexkameras auf Stativen triggern sie da besonders. Manchmal kann man drüber reden. Andernfalls muss man den Verweis hinnehmen. Gegen Photos mit Mobiltelefonen wird so gut wie nie vorgegangen.

Die tanzenden Fontänen der Wasserorgel vor dem Bellagio

Motive am Las Vegas Boulevard

Der Strip ist eine Art Gesamtkunstwerk, an dem es alle paar Meter ein neues Highlight zu sehen und aufzunehmen gibt.

Die Kreuzungen The Strip und Tropicana Avenue, The Strip und Flamingo Road sowie The Strip und Stardust Road zählen von der Intensität ihrer Beleuchtung her zu den Hauptanziehungspunkten.

Die vier Fußgängerbrücken zwischen Excalibur, New York, MGM Grand und Tropicana (Ecke Las Vegas Boulevard und Tropicana Avenue) sind leider alle mit Gittern versehen, was die Photographie nicht erleichtert.

Neben diesen gibt es noch vier verglaste Übergänge zwischen Bellagio, Caesars Palace und Ballys (Ecke Strip und Flamingo Road). Von hier aus können Sie den ewig fließenden Verkehr auf dem Las Vegas Boulevard gut mit kreativ-langer Belichtungszeit aufnehmen und so die Lichter der Autos zu langen Streifen verlaufen lassen (mindestens 1 s Belichtungszeit, besser viel länger mit Graufilter).

Das bekannte „Welcome to Las Vegas Sign" steht am Südende des Las Vegas Boulevards, einen Steinwurf hinter dem Mandalay Bay, auf dem Mittelstreifen. Eine nachgemachte kleinere Version finden Sie im Norden in der Umgebung des Riviera Hotels.

Alle Hotelkomplexe warten mit einer opulenten Fassade und üppigen Casinos auf. Besonders beachtenswert sind die Folgenden:

Das Luxor ist mit seinen Brunnen und Wasserspeiern im Innern fast reizvoller als von außen. In den Außenanlagen faszinieren die große Sphinx an der Haltestelle der Hochbahn zum Mandalay Bay und zum Excalibur. Abends gibt sie mit dem starken Laserstrahl des Hotels genau darüber und die Sphingenallee weiter unten am Strip eine schöne Kombination ab.

Der Eingangsbereich des Ballys Hotels

Das Excalibur ist als märchenhafte mittelalterliche Ritterburg gestaltet. Vor allem die als farbige Zuckerhüte gestalteten Dächer ziehen das Interesse auf sich. Vom Gehweg auf der gegenüberliegenden Straßenseite aus lassen sie sich mit einer kurzen Telebrennweite zu schönen Arrangements zusammenfassen. Zweimal täglich wird

Das Paris Hotel gegenüber dem Bellagio

im Innern ein Reiterspektakel aufgeführt, das einem mittelalterlichen Ritter-Turnier nachempfunden ist.

Am New York-New York besticht die Fassade entlang dem kurzen Nachbau der Brooklyn Bridge. Vom Tropicana schräg gegenüber auf der anderen Straßenseite aus können Sie das ganze Ensemble der Wolkenkratzer aufnehmen oder die Kuppeln von Empire State und Chrysler Building mit einer Telebrennweite um 200 mm isolieren. Im Innern gibt es ein nachgebautes Mini-Manhattan aus den 1930er Jahren.

Das Interessanteste am Paris ist seine pompös verzierte Außenfassade. Zusammen mit dem Triumphbogen und dem großen Springbrunnen ergibt sich ein nettes Ensemble. Die Fahrt den 50 Stockwerke hohen Eifelturm-Nachbau hinauf lohnt kaum, da die Plattform vergittert ist. - Der Stratosphere Tower ist höher und bietet den unschlagbaren Blick über die ganze Länge des Strips.

Das Bellagio und das Ballys können Sie gut wechselseitig von verschiedenen Standpunkten am Strip und von dem Fußgängerüberweg aus erarbeiten. Das Bellagio ist mit den Fontänen seiner über den ganzen See reichenden Wasserorgel zurecht ein ähnlich starker Magnet

wie die Piratenshow am Treasure Island. Die Vorstellungen finden hier im Sommer (April bis September) alle 15 min nach der vollen Stunde statt und dauern circa 5 min. In den übrigen Monaten macht man 30 min Pause. Hier lohnt es sich auf alle Fälle etwas Zeit zu verbringen und zwei oder drei Darbietungen zu erleben, denn nach

Unverkennbar: New York, New York

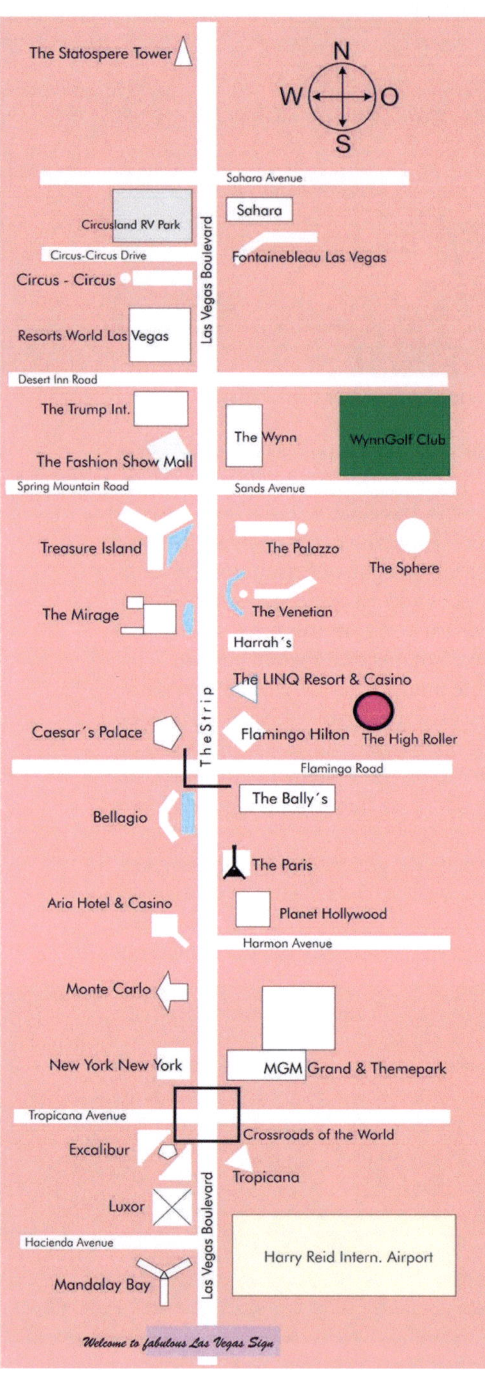

jeder werden die guten Plätze entlang dem Fußweg schnell wieder frei. Von der Höhe des Eingangspylons an der Südseite des Sees passen die tanzenden Fontänen und die glitzernde Fassade des Paris gemeinsam aufs Bild. - Einer der allerbesten Standpunkte für die Magic Hour kurz vor Sonnenuntergang! Aber auch im Innern besticht das Bellagio mit seinem geschmackvollen Ambiente, einer wunderbaren, mundgeblasenen Glasdecke über der Lobby und einem aparten Wintergarten. Der Eingangsbereich des Ballys genau gegenüber ist mit der farblich wechselnden Beleuchtung und den strengen, graphischen Formen der Neonschriftzüge ebenfalls ein erstklassiges Motiv. Die verglaste Fußgängerbrücke über dem Strip ist ein sehr guter Standort, um die zahlreichen Motivmöglichkeiten der großen Neonbuchstaben aus verschiedenen Blickwinkeln im Hoch- und Querformat mit mittleren Telebrennweiten zu erkunden. In der anderen Richtung haben Sie von dort aus ebenfalls einen sehr guten Blick mit mehr Vordergrund auf die Wasserspiele vor dem Bellagio.

Das Caesars Palace besticht durch seine schön beleuchtete weiße Fassade und die davor liegenden spiegelnden Teiche. Die hohen Zypressen sind gute Vordergrundobjekte. Darüberhinaus bietet es im Konkurrenzkampf der Hotels die sehenswerten Forum Shops auf. In altrömischer Umgebung gibt es hier allerhand Luxus zu kaufen und nette Details zu photographieren. Vor allem der aufwändig ausgeleuchtete, künstliche Himmel macht sich gut hinter den vielen Springbrunnen. Hier wie auch im Innern der meisten anderen Hotelkomplexe gelten die folgenden Belichtungsrichtwerte: 100 ASA, f/3.5, 1-15 bis 1-30 sec. Die Nachbildung des Trevi Brunnens ist ein besonders dankbares Motiv.

Zoom-Effekt am Flamingo Hilton

Schräg gegenüber auf der anderen Straßenseite finden Sie die weltbekannte Neonreklame des Flamingo Hilton.

Direkt nördlich schließt sich das Hotel The LINQ an, welches für sich allein wenig attraktiv ist. Auf dem Resort-Komplex liegt aber mit dem Las Vegas High Roller auch das zweitgrößte Riesenrad der Welt. Es hat einen Durchmesser von rund 160 m und von den außen angebrachten Gondeln hat man auf dem halbstündigen Umlauf zu jeder Zeit einen völlig unverstellten Ausblick auf die Stadt. Vom LINQ aus erreicht man es über eine als Fußgängerzone gestaltete Seitenstraße. Die kleinen Läden, Restaurants und Palmen sind durchaus photogen. Da Sie hier direkt auf den High Roller zu laufen, sind Sie auch in guter Aufnahmeposition. Allerdings kommt es hier immer wieder vor, daß die Security das Photographieren untersagen will, sofern denen Ihre Ausrüstung zu professionell erscheint. Aufnahmen mit dem Handy sind OK. Solchem Ärger aus dem Weg gehen Sie, wenn Sie sich von der anderen Seite aus über die Winnick Avenue nähern. Dann steht das Rad auch perfekt vor dem abends dramatisch gefärbten Himmel. Aus den Gondeln haben Sie während der 30 minütigen Fahrt nur 15 Minuten in guter Aufnahmeposition. Die Scheiben sind übersäht mit Fingerabdrücken (ein Tuch zum Putzen ist eine gute Idee) und durch die vielen Lichter spiegelt und reflektiert es überall. Gehen Sie also mit der Kamera so nah wie möglich ans Glas, um diese unerwünschten Effekte zu vermeiden. Das ganze

Die Zuckertürme des Excalibur

Das Bellagio, die Lagune und die Wasserorgel

Werk vibriert während der Fahrt ganz schön, und so sollten Sie die Belichtungszeit sehr kurz halten: 1/60 sec bezogen auf 50 mm Brennweite sind OK. Stative sind verboten, aber auch ohnehin nutzlos. Optiken mit Bildstabilisierung sind hier natürlich eine gute Idee. Die beste Zeit, um das Riesenrad und auf einer Fahrt die Stadt und den Strip zu photographieren, ist kurz vor Sonnenuntergang.

Die mächtige, leuchtende Kugel The Sphere erhellt den Bereich gleich hinter dem Venetian und direkt südlich der grünen Oase des Wynn Golf Clubs seit September 2023. Im Grunde ist es eine Veranstaltungshalle. Was sie so besonders macht, ist, daß ihre Außenhaut quasi ein überdimensionaler LED-Bildschirm ist. Er kann alle erdenklichen Bilder und Lichteffekte wiedergeben. Strahlt The Sphere einfach nur weiß, erscheint sie wie der zur Erde gefallene Mond. Man kann ihn nicht übersehen oder den Blick von ihm wenden. Die Kugel hat einen Durchmesser von 157 m und 2/3 der 81 000 m² Außenfläche sind mit 57,6 Millionen LEDs bestückt. Zusammen ergeben sie 1,2 Millionen Bildpunkte und damit die größte LED-Wand der Welt. Der Innenraum bietet 18 600 Sitzplätze und 5000 Stehplätze. Über der Bühne ist die Innenwand ebenfalls mit LEDs verkleidet – das erste 16k-LED-Display der Welt! Gute Photos können Sie ganz aus der Nähe vom Parkplatz an der Manhattan Street aus machen. Wenn Sie eine erhöhte Position suchen, bietet sich die oberste Etage des Parkhauses 3763 Howard Hughes Parkway an. Um den Kugelbau in einen guten Kontext zu seiner Umgebung zu stellen, müssen Sie sich etwas entfernen. Hier ist die 7. Etage des Encore-Parkhauses an der Nordostecke des Wynn-Golfplatzes (von der East Desert Inn Road über die Zufahrt des Encore Resort Boulevards zu erreichen). Gleich nach Sonnenuntergang ist die beste Zeit, um The Sphere zu photographieren.

Im Wynn Las Vegas sollten Sie sich keinesfalls den Eingangsbereich entgehen lassen: Er wird regelmäßig neu mit aufregend-bunten Blumen- und Pflanzenarangements gestaltet.

Das Venetian und der „Canale Grande"

Das Mirage begeistert mit dem gasgespeisten Ausbruch eines „Vulkans" direkt am Strip. Der dauert zwar nur wenige Minuten, findet dafür aber zwischen Sonnenuntergang und Mitternacht im Viertelstundentakt statt, sofern kein zu starker Wind aufkommt. - Gelegenheit genug also, um ein oder zwei Ausbrüche abzuwarten und so zu guten Bildern aus verschiedenen Positionen entlang des Gehwegs zu kommen.

Das Venetian zieht mit seiner wunderbar angestrahlten Front sicher viele Photographen in seinen Bann, ist aber aufgrund der Größe nur schwer ins Bild zu fassen. Konzentrieren Sie sich stattdessen lieber auf Details aus der prächtigen Fassade oder versuchen Sie es mit Spiegelungen derselben in der vorgelagerten Wasserfläche. Im Innern können Sie sich auf einem Minikanal von einem Gondoliere durch die italienisch angehauchte Welt der Grand Canal Shops paddeln lassen. Hier ist man allerdings besonders scharf drauf, vermutlich professionelle Photographen zu verscheuchen.

Freemont Street Experience –
Vor dem Pioneer Club

Die Piratenshow vor dem Treasure Island findet zwischen April und September zu folgenden Zeiten statt: 16:00, 17:30, 19:00, 20:30, 22:00, 23:30 Uhr. In den übrigen, nicht so stark frequentierten Monaten nach 16:00 Uhr alle 90 min. Der Fußgängerverkehr auf dem Boardwalk kommt dann regelmäßig zum Erliegen, so dass man gut daran tut, sich schon eine Weile vor Beginn einen guten Platz zu sichern. Den besten Blick, um das Geschehen zu verfolgen, haben Sie dort, wo der Übergang zum Casino den Boardwalk kreuzt. Bis die Briten den entscheidenden Treffer kassieren, ist die meiste pyrotechnische Action auf der Seite der Freibeuter. Ein lichtstarkes Zoom im Bereich 24-80 mm ist angemessen, um sowohl Übersichten als auch Details einzufangen. Arbeiten Sie mit mindestens 400 ASA und einem Einbeinstativ, für ein vollwertiges Dreibein ist in dem Gedränge sowieso kein Platz. Führen Sie keinen solchen Support mit sich, können Sie die Kamera auch auf den Holzimitaten entlang der

Das Mirage mit dem weltbekannten Vulkanausbruch

Vegas Viccy, Fremont Street

Wasserlinie abstützen. Für den Fall, dass Sie zu spät dran sind, bietet auch die gegenüberliegende Straßenseite noch einen akzeptablen Blick auf das Geschehen.

Wenn Sie schon immer einmal im Zirkus photographieren wollten, dann sind Sie im Circus-Circus Hotel genau richtig. Unter der Kuppel wird eine Minivorstellung nach der anderen gegeben und man kann sich solange man will umsehen und herumprobieren, bis man die richtigen Bilder im Kasten hat.

Höchster Punkt der Stadt ist der Stratosphere Tower, mit 350 m sogar der höchste freistehende Turmbau der USA (wie könnte das hier auch ohne einen solchen Superlativ abgehen?!). Er markiert das Nordende des Strips. Von der Höhe der Aussichtsplattform aus haben Sie selbstverständlich den spektakulärsten Blick über die Stadt. Allerdings lassen die aufsteigenden heißen Luftmassen zuweilen die Fernsicht verschwimmen und auch die manchmal starken Böen auf der Plattform sind scharfen Bildern abträglich. Gegen Erstes hilft ein UV-Filter (zumindest etwas), gegen Letzteres ein stabiles Stativ.

Ungefährt 2 km weiter im Norden, No 888 W Bonneville Avenue, können Sie eins der berühmt-verschlungenen Gebäude von Frank Gehry photographieren (Lou Ruvo Center for Brain Health).

Wenn Sie all diese Motive abgearbeitet haben, bringt ein Hubschrauberrundflug garantiert noch einmal neue Perspektiven und gewährt gute Blicke auf die riesigen Hotelkomplexe, die sich von keiner Straßenecke aus bieten. Da Sie die Tageszeit frei wählen können, sollten Sie am späten Nachmittag starten, da die tief stehende Sonne sowie starkes Seiten- oder Gegenlicht die Konturen am besten betont. Grundsätzlich gilt: Eine gerade Horizontlinie oder gar keine! Der Farbstich einer evtl. getönten Scheibe kann im Analogbereich mit einem KR-3 Filter korrigiert werden. Digitalphotographen filtern ihn bei der RAW-Konvertierung weg. Sofern es möglich ist eine Tür oder Seitenscheibe zu entfernen, sollte man diese Möglichkeit zur Qualitätssteigerung der Bilder auch nutzen. Dann lässt sich auch ein Polarisationsfilter zur Farbsättigung verwenden, der bei einer Kunststoffscheibe ansonsten für Spektralstreifen sorgt. Da es von oben keine Teilung in Vorder- und Hintergrund gibt, fällt auch eine entsprechende Bildgestaltung flach. Stattdessen muss man auf starke Schatten oder Kontraste zurückgreifen, um die Bilder zu dramatisieren und ihnen Definition zu geben. Ohne klassischen Vorder- und Hintergrund entfällt aber auch das Scharfstellen, weil alles immer im Unendlichbereich liegt, und die Beachtung der Tiefenschärfe. Die Belichtungszeit kann also immer so kurz wie möglich gewählt werden und sollte 1/250 sec nicht unterschreiten. An Filmen empfiehlt sich feinstkörniges Material mit hohem Kontrast und einem Hang zu warmen Farben, um den häufig vorhandenen Dunst zu kompensieren. Velvia, um eine Stufe auf 100 ASA gepusht, erfüllt all diese Anforderungen. Nicht vergessen: Vorher alle Gehäuse mit einem frischen Film versorgen! - Nichts ist frustrierender, als nach zwei Bildern das große Kramen anfangen zu müssen.

Motive an der Fremont Street

Downtown, um die Fremont Street gelegen, ist der ältere Stadtkern, in dem noch immer das Baumuster der ursprünglichen Eisenbahnstadt zu erkennen ist. Das klassische Werbephoto der Union Plaza mit Vegas Vic und Vegas Vicky, den weltbekannten Cowboy-Figuren am Pioneer Club und dem Plaza Hotel im Hintergrund ist heute durch die moderne Überdachung (die 450 m lange Fremont Street Experience) der Fremont Street nicht mehr zu machen und weitwinklige Übersichten werden durch die vielen herabhängenden Lampen gestört. Mit mittleren Telebrennweiten lassen sich dafür aber viele interessante Details aus der Flut der Eindrücke picken. Für die Fremont Street Experience wurden auf der Unterseite der Überdachung gut 2 Millionen Glühbirnen installiert, die mehr als 60000 Farbtöne erzeugen können. 2019 wurden sie durch gut 50 Millionen LEDs ersetzt. Mit ihnen werden zwischen 18:00 und 23:00 Uhr zu jeder vollen Stunde sehenswerte Multimedia-Shows gegeben. Ein Stativ ist hilfreich, um scharfe Einzelsequenzen aus diesen Displays herauslösen.

Motive rund um Las Vegas - Hoover Damm und Lake Mead

Diese Tagestour beginnen Sie am besten mit dem Hoover Dam und kommen am frühen Abend, wenn in der Stadt die Lichter angehen, über den Lake Mead Boulevard zurück. Durch die erhöhte Lage eignet sich diese Strecke dort, wo sie aus

Lake Mead und Hoover Dam vom Aussichtspunkt No 5

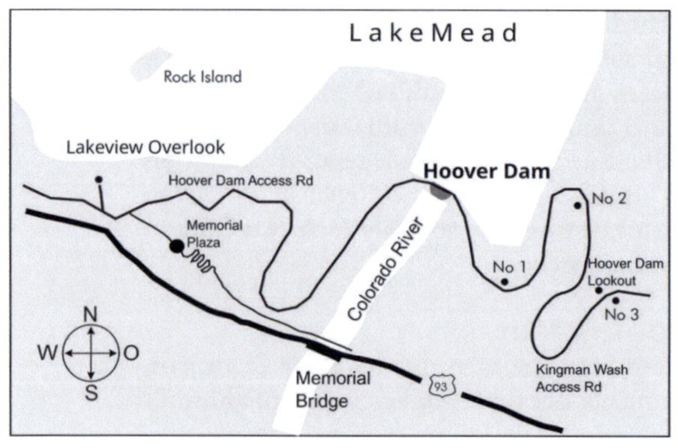

den Bergen kommt, besonders gut für Übersichtsaufnahmen des im Tal liegenden Stadtzentrums. Der Staudamm liegt gut 40 mi südlich von Las Vegas und man braucht aus dem Zentrum in der Regel 45 min.

Was die Menschen in großer Zahl an den Hoover Damm zieht, ist wohl zur einen Hälfte die technische Meisterleistung, die das Bauwerk auch heute noch darstellt, und zur anderen seine Lage in der eindrucksvollen Landschaft.

Der späte Vormittag und der schattenlose Mittag, wenn die Sonne in den Canyon scheint, sind für den Damm und seine Umgebung gute Photozeiten. Das Bauwerk selbst mag zwar spektakulär anzusehen sein, ist aus seiner direkten Umgebung aber selbst mit einem 24er Weitwinkel nur schwer ins Bild zu fassen. Zu viele Stromleitungen versperren die Sicht, und die besten Stellen erreicht man nur auf verbotene Weise zu Fuß entlang der stark befahrenen Straße, die sich hier durch die roten Felsen windet.

Ein gutes Übersichtsphoto machen Sie am besten von dem auf Arizonaseite am höchsten gelegenen Hoover Dam Lookout am Parkplatz No 3 aus. Vom Parkplatz No 2 aus blicken Sie quasi von der Seeseite aus auf die Staumauer.

Bilder aus dem Innern des Damms gibt's nur auf einer der immer vollen Führungen. Analogphotographen sollten sich für diese Gelegenheit mit einem Fluoreszenzfilter gegen den Grünstich der Leuchtstoffröhren ausrüsten. Im Digitalzeitalter genügt die entsprechende Umstellung des Weißabgleichs. Auf der Führung gelangen Sie auch am Fuß des Damms auf seine Außenseite für eine starke Weitwinkelaufnahme (mindestens 24 mm) der Staumauer von unten.

Den Damm als Ganzes und den dahinterliegenden See können Sie nur von der Mike O'Callaghan-Pat Tillman Memorial Bridge aus aufnehmen. Sie führt den Highway 93 (hier identisch mit der I-11 und wahlweise als Hoover Dam Bypass, Purple

Lake Mead und das Nadelöhr Hoover Dam

Heart Highway oder Great Basin Highway bezeichnet) seit 2010 am Hoover Damm vorbei und vermeidet die vielen Haarnadelkurven. Auf ihrer Nordseite kann man die Schlucht zu Fuß überqueren und hat einen freien Blick auf das Bauwerk und seine Umgebung. Die Fußgängerspur ist von der Mike O'Callaghan – Pat Tillman Memorial Bridge Plaza an der Hoover Dam Access Road aus zu erreichen. Mittags steht die Sonne dort hinter Ihnen und leuchtet die Staumauer und die Schlucht am vorteilhaftesten aus.

Der erhöht gelegene Lakeview Overlook ist den Besuch am Nachmittag wert, wenn die dann hinter Ihnen stehende Sonne den Felsen etwas extra Rot spendiert. Besonders photogen ist hier der große Kontrast zwischen dem blauen Seewasser und den erdfarbenen, manchmal Lava-schwarzen, Felsen.

Wenn Sie einen ganzen zusätzlichen Tag Zeit haben, ist es wärmstens zu empfehlen, sich auf den 5 km langen Gold Strike Hot Springs Trail zu machen. Er führt durch eine sehenswert farbige Felslandschaft und einige Kletterpassagen zum Grund eines Canyons, dem er dann zur Gold Strike Hot Spring direkt am Colorado River folgt. An dies Ufer zu gelangen, ist die Mühe mehr als wert. Wenn Sie aus Westen über den Highway 93 kommen, biegen Sie im Kreisverkehr nicht nach links zur Hoover Damm Access Road ab, sondern halten sich rechts zur Goldstrike Canyon Road. Sie führt direkt zum Trailhead.

Lake Mead Boulevard: Las Vegas´ Lichtermeer vor die Kulisse der im Westen liegenden Spring Mountains

Zurück nach Las Vegas folgen Sie zuerst der Lakeshore Road nach Norden durch die Landschaft der roten Felsen. Sie führt nah am See entlang und bietet immer wieder gute Ausblicke auf den blauen Wasserspiegel des Lake Mead. Im Rainbow Garden, schon im Sunrise Mountain Management Area, treffen Sie wiederum auf leuchtend rote Felsen. Am Ende biegen Sie nach rechts ab auf die Northshore Road (Rt-167) und den Lake Mead Boulevard (Rt-147). Die höchsten Erhebungen sind Frenchman Mountain, Lava Butte und Sunrise Mountain. Durch diese Bergkette geht es nun wieder hinunter ins Las Vegas Valley. Kurz bevor die ersten Häuser beginnen, können Sie rechts und links der Straße bequem halten und das Stativ mit mindestens einem 400er Tele für ein Bild der Las Vegas-Skyline vor der Kulisse der Spring Mountains im Hintergrund aufbauen. Ein sehr gutes Motiv für den frühen Abend, wenn der Himmel noch Farbe hat!

Eine weitere gute Position für ein ähnliches Bild ist die Ecke von Lake Mead Drive (Rt-146) und Las Vegas Boulevard am Südende der Stadt. Durch die niedrigere Lage lässt sich hier allerdings der Vordergrund nicht so gut kontrollieren und man hat zwangsläufig mehr Himmel mit im Bild. - Gut, wenn sich ein spektakulärer Sonnenuntergang anbahnt und den Himmel glutrot färbt.

Motive rund um Las Vegas - Red Rock Canyon National Conservation Area

Red Rock Canyon NCA liegt 20 mi westlich von Las Vegas an der Rt-159, dies ist quasi die Verlängerung des West Charleston Boulevards, der vom Las Vegas Boulevard abzweigt. Es lockt alle, die den Trubel am Strip mal eine Weile satt haben mit herrlicher Ruhe und wunderbar roten Sandsteinformationen, die gut mit dem grauen Kalkstein der Wilson Cliffs im Hintergrund kontrastieren. Diese Ansichten wechseln sich mit den für die Mojave Wüste typischen Yuccas und Joshua Trees ab.

Aufgrund der Lage im Westen sollten Sie die Rundfahrt über die Rt- 159 und Rt-160 früh am Morgen beginnen. Dann leuchten die Calico Hills im Licht der niedrig im Osten stehenden Sonne und der Kontrast zu den weniger farbigen Kalksteinformationen ist am

Red Rock Canyon - Sonnenuntergang zum Ausspannen

größten. Für den Ausflug sollten Sie von Las Vegas aus mindestens 3 Std. einplanen.

Nachdem Sie Las Vegas' letzte Häuser auf dem West Charleston Boulevard hinter sich gelassen und eine kleine Anhöhe erreicht haben, bietet sich ein guter Ausblick aus erhöhter Position auf die ganze Länge der Hochhauskomplexe des Las Vegas Boulevards. 200-300 mm Brennweite, sondern gezielt Details aus, 50-80 mm verhelfen zum eindruckvollen Überblick.

Ein paar Meilen weiter folgt ein Abzweig nach rechts auf den 13 mi langen Scenic Drive, der das Red Rock Canyon Conservation Area als Einbahnstraße durchquert. Sie ist wie folgt für Besucher geöffnet: November bis Februar: 06:00 – 17:00 Uhr, März: 07:00 - 17:00 Uhr, April – September: 06:00 – 20:00

Formationen im Red Rock Canyon

Uhr, Oktober: 06:00 – 17:00 Uhr.

Der Red Rock Canyon Overlook an der Rt-159 ist jeweils eine weitere Stunde zugänglich. Er bietet einen guten Blick auf die gelbroten Formationen des Red Rock Canyon im Norden und die hohen Wilson Cliffs im Westen. Das direkt hinter der Einfahrt gelegene Besucherzentrum ist täglich von 08:00 - 16:30 Uhr geöffnet. Von dort aus bietet sich ein sehenswerter Panoramablick auf die im Norden liegenden Calico Hills. Ein wenig weiter auf der Loop Road erreichen Sie die Parkplätze Calico I und Calico II. Von beiden aus

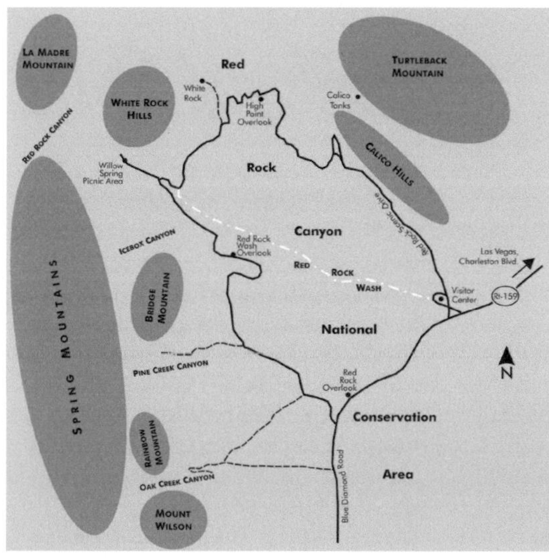

können Sie den leichten Calico Hills Trail gehen. Er führt auf 1,6 km entlang den Calico Rocks nach Nordwesten zum Sandstone Quarry Trailhead und bietet interessante Ansichten der Felsformationen. Zudem passiert er einen Felsen mit interessanten Petroglyphen.

3 mi nördlich des Parkeingangs liegt der erwähnte Sandstone Quarry Trailhead an der Scenic Road. Dort beginnen zwei Wanderwege: Der Turtlehead Peak Trail, der auf 4 km einen Anstieg von mehr als 500 m bewältigt und der Calico Tanks Trail. Er führt auf gut 2 km mit geringem Höhenanstieg durch die rote Sandsteinlandschaft zu mehreren natürlichen Wasserreservoirs und bietet von knapp unterhalb des Gipfels der Calico Hills einen sehr schönen Blick auf das im Osten liegende Häusermeer von Las Vegas.

Um den Kalksteinformationen der Spring Mountains näher zu kommen, empfehlen sich die weiter westlich von der Park Road abzweigenden Wanderwege in den Icebox Canyon, den Pine Creek Canyon oder Oak Creek Canyon. In dieser Gegend ist das Gelände leicht gewellt und mit einigen Joshua Trees bestanden. Vor der Kreuzung mit der Rt-160 passieren Sie noch den Spring Mountain Ranch State Park und Bonnie Springs, eine alte Westernstadt, für Touristen wieder hergerichtet.

Minimalprogramm und Tagesablauf

Zwei Tage geben genug Zeit, um neben dem Strip auch das interessante Umland zu erkunden. Das Innenleben der Hotels und eine Fahrt durch die abwechslungsreiche Landschaft zwischen Hoover Dam und Lake Mead nehmen die hellen Tagestunden ein, die verbleibenden Abendstunden sind gerade genug für die pralle Glitzerwelt des Las Vegas Boulevards. Wenn Sie Ihre Tour durch den Südwesten hier beginnen und auch beenden, planen Sie ruhig vor dem Abflug noch eine weitere Übernachtung ein. - Mit dem Abstand einiger Reisewochen können zu Beginn gesehene Motive so im Kopf zu fertigen Bildern reifen.

Valley of Fire State Park

- *610 m hoch gelegen*
- *Rund 750 000 Besucher pro Jahr*

Wie, Wo, Was

Mit den kleinen Felsbögen, versteinerten Dünen und Petroglyphen ist der Park eine gute Einführung in die Landschaftsformen des Grand Circle. Darüber hinaus nimmt er mit seinen spektakulären Farbtönen von Rot über Rosa bis Gelb und der Diversität der Erosionsformen in der umgebenden farblosen Ebene eine absolute Sonderstellung ein. Das Frühjahr belebt das Landschaftsbild mit blühenden Wildblumen und Kakteen, im Winter verlassen die seltenen Wüstenschildkröten ihre unterirdischen Behausungen. Die Rt-169, als Scenic Drive ausgewiesen, durchquert das Tal in west-östlicher Richtung, photogen eigentlich den ganzen Tag über.

Wegweiser

Valley of Fire liegt 46 mi nordöstlich von Las Vegas und rund 15 Meilen östlich der I-15 an der Rt-169. Neben dem Besucherzentrum (geöffnet täglich von 08:30 - 16:30 Uhr) werden 73 Campsites (first come, first served) angeboten. Darunter gibt es auch Stellplätze für Wohnmobile. Der Park ist täglich von Sonnenaufgang bis Sonnenuntergang geöffnet.

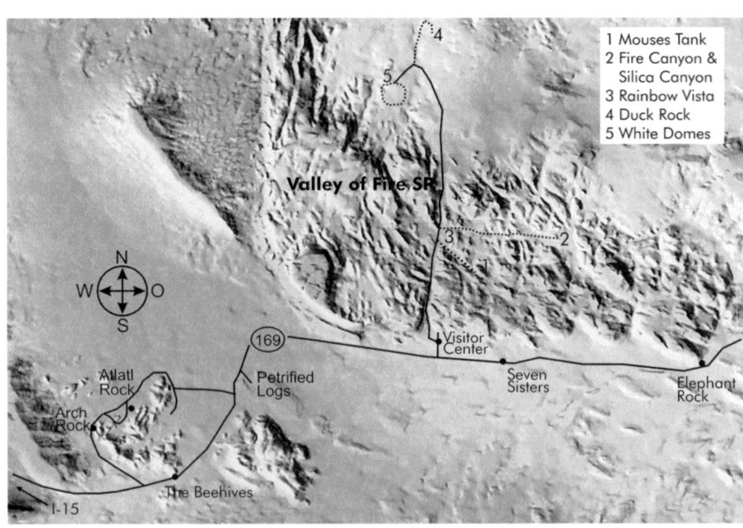

Motive entlang der Rt-169

Von der I-15 aus kommend schraubt sich die Rt-169 in mehreren Kehren hinunter zum Westeingang, von dem aus man einen guten ersten Blick über das Tal hat. Vorzugsweise früh am Tag, wenn die tiefstehende Sonne die Felsen rot leuchten lässt und die Schatten die Tallage unterstreichen.

Im Park erreichen Sie dann nach 1 mi zuerst die Beehives, hohe abgerundete Sandsteintürme, abgelagert im Erdaltertum, als das ganze Gebiet von einem Meer bedeckt war. Mit ihren vom Wind eingeschliffenen Mustern sind sie ein gutes erstes Beispiel für die vielfältigen Formen der Erosion. 1/2 mi weiter östlich führen zwei kurze Wege durch ein kleines Gebiet versteinerter Bäume direkt an der Straße. Dies sind gute Vordergrundobjekte für Aufnahmen aus tiefer Position mit Ihrem kürzesten Weitwinkel.

Gegenüber den Beehives zweigt eine 2 mi lange Loop Road nach Norden von der Rt-169 ab. Sie führt durch ein Gebiet vielfältig erodierter Felsformationen, darunter auch einige kleine Felsbögen wie der gleich am Anfang gelegene Arch Rock, die allesamt vormittags im besten Licht liegen. Atlatl Rock präsentiert auf seiner Ostseite in 30 m Höhe eine beachtliche Anzahl guterhaltener Petroglyphen. Über eine Plattform ist man beinahe auf Augenhöhe. Bemerkenswert sind die Darstellungen der Speere (Atlatls), den wahrscheinlich ersten Waffen der Ureinwohner. Ob die Ritzungen von den ersten Bewohnern dieser Gegend um 1000 oder 2000 v. Chr. angefertigt wurden oder erst aus der 900 Jahre zurückliegenden Anasazi-Zeit stammen, ist bis heute ungeklärt. Eine mittlere Telebrennweite holt Details am oberen Rand des Paneels formatfüllend heran. Auf einem Gang durch die Felsen rund um Atlatl Rock stößt man auf viele weitere Petroglyphen und bemerkenswerte Formationen, die im Licht der Vormittagssone sehr schöne Motive abgeben.

Auf der Weiterfahrt in Richtung Overton passieren Sie nach dem Abzweig des Scenic Drives die Seven Sisters, einander ähnlich sehende Monolithe, die sich gut aus einiger Entfernung vor dem grünen Hintergrund freistellen lassen. Einige Meilen weiter folgen The Cabins, eine Anzahl steinerner Schutzhütten sowie noch weitere Felder versteinerter Holzstücke. Elephant Rock ist ein fragiler kleiner Felsbogen, dessen Form auffällig einem Elefanten gleicht. Seine massige Gestalt mit dem langen „Rüssel" die wohl kurioseste Felsformation im Park. Von dem Parkplatz kurz vor der östlichen Parkgrenze aus führt ein kurzer Weg zu dieser Forma-

Rote Felsen entlang dem Scenic Drive

tion, die im Sommer gegen 16:00 Uhr im besten Licht liegt. Von der Höhe der Straße aus am Elephant Rock Parking Area haben Sie einen wunderbaren Blick über die rote Felslandschaft auf das blaue Wasser des nur wenig weiter im Osten liegenden Lake Mead.

Motive entlang des Scenic Drives

Vom Besucherzentrum aus führt der 7 mi lange Scenic Drive nach Norden in den höher gelegenen Teil des Parks. Dieser Teil profitiert ganz besonders vom Licht des späten Nachmittags und ist auch zum Sonnenuntergang sehr zu empfehlen. Nach dem ersten steilen Anstieg bietet sich ein schöner Blick zurück auf den durch die Felsen geschnittenen Straßenverlauf. Leider gibt's rechts und links keine Haltemöglichkeiten, um diesen festzuhalten, so dass man vom Parkplatz am Mouses Tank Trailhead aus zu Fuß zurückgehen muss.

Valley of Fire, Elephant Rock

Der Weg durch den Petroglyph Canyon zum Mouses Tank misst nur 400 m und ist durch die vielen kleinen in den Fels gespülten Höhlen und eine Anzahl verblassender Petroglyphen recht abwechslungsreich. Bemerkenswerte Petroglyphen Paneele finden Sie gleich zu Beginn des Wegs auf der linken Seite, wo eine große schwarze Stelle einen hervorspringenden Fels markiert sowie nach weiteren 100 m ebenfalls auf der linken Seite. Um sie vom Weg aus zu isolieren, sind 100-200 mm Brennweite nötig. Mouses Tank meint zwei kleine Wasserlöcher im Fels, in deren Umgebung sich im letzten Jahrhundert ein indianischer Gesetzloser versteckt haben soll. Photographisch bieten diese beiden natürlichen Reservoirs selbst, wenn sie voll sind, recht wenig. Beide sind sehr klein und liegen im Schatten einer Felsspalte.

Weiter auf dem Scenic Drive haben Sie vom folgenden Aussichtspunkt Rainbow Vista aus einen guten Blick zurück über den Straßenverlauf und vor allem eine berauschende Aussicht über die vorausliegenden vielfarbigen Felsformationen. Aus diesem Grund ist dies einer der schönsten Aussichtspunkte der gesamten Umgebung. Dort sollten Sie am späten Nachmittag und/oder zum Sonnenuntergang einige Zeit verbringen, um das Potenzial der vielfältig erodierten Felsformationen photographisch zu erkunden. Vom Hauptaussichtspunkt aus führt ein kurzer sandiger Weg zu einem zweiten Viewpoint, der eine bemerkenswerte Ansammlung besonders dunkelroter Felsformationen überblickt. Einer der vereinzelten Büsche oder Bäume kann dem Bild im Vordergrund Tiefe geben.

Gleich hinter Rainbow Vista zweigt eine Straße nach Osten zum hochgelegenen Fire Canyon Viewpoint ab. Er schaut über die Silica Domes, Überbleibsel einer nun vertikal stehenden Schicht harten Gesteins. Die Erosion hat die weicheren, trennenden Bestandteile mittlerweile ausgewaschen, so dass sich hier ein ganzes Feld dieser kniehohen Spitzen erstreckt. Bei flacher Beleuchtung am Morgen und Abend liefern sie sich schöne Schattenspiele und beleben das den Rest des Tages über leere Wüstenpanorama.

Im weiteren Verlauf des Scenic Drives wechseln sich versteinerte rote und beige Sanddünen kontrastierend vor dem blauen Himmel ab. Hinter Rainbow Vista weitet sich die Landschaft und die überall aufragenden Riffe weisen manchmal fünf oder sechs phantastische Farbübergänge von Beige und Gelb über Zartrosa bis Rot auf. Nur wenige Meter rechts und links der Straße finden sich hier prima Aufnahmepunkte für den Sonnenuntergang, leicht erhöht auf den Cliffkanten, mit spektakulärem Blick über den wildgezackten Vordergrund auf die Berge dahinter. Hier lohnt es sich bis in den Abend auszuharren.

Am nördlichen Ende des Scenic Drives stehen die hochaufragenden White Domes. Auch hier finden sich Schichtablagerungen in beinahe allen Farben des Regenbogens, die man gut mit einer Telebrennweite isolieren kann. Der nur 2 km lange White Domes Loop Trail führt im Bogen durch dies extrem photogene Gebiet und passiert die hölzernen Überreste einer Filmkulisse. Photographisch interessanter ist es allerdings nach links oder rechts vom Weg abzuweichen und sich den bizarr übereinander gelagerten Felsschichten zu widmen. Im weiteren Verlauf durchwandern Sie einen kurzen, aber sehenswerten, Slotcanyon. Wenn es kurz vor Ihrem Besuch heftig geregnet haben sollte, kann er so hoch voll Wasser stehen, dass Sie ihn nicht passieren können.

Valley of Fire, Rainbow Vista

Kurz bevor Sie die Runde am Ausgangspunkt beenden, lohnt es sich die Steigung auf der rechten Seite zu erklettern, um in eine gute Aufnahmeposition für den Sonnenuntergang zu gelangen.

Minimalprogramm und Tagesablauf

Ein halber Tag, vorzugsweise die zweite Tageshälfte, den die Fahrt über den Scenic Drive zu den White Domes mit anschließendem Sonnenuntergang füllt.

FarbScharf

So abwechslungsreich die Landschaftsformen im Südwesten auch sein mögen, so eintönig ist zuweilen die Farbgebung. Die vorherrschenden Farben sind Rot, je nach Sonenstand in allen Schattierungen sowie das Braun und Grau der Wüste. Für sich allein erziehlt dies jedoch keine Wirkung. Achten Sie also darauf, wann immer das möglich ist, einen farblichen Kontrast zu setzen, um dem Auge eine Vergleichsmöglichkeit, einen Anhaltspunkt zu geben, um die Farben einzuordnen. Kräftige Farben sind gerade bei Landschaften fast immer gewollt. Um sie zu forcieren, gibt es verschiedene Mittel: 1. Beschränken Sie Ihre Arbeit auf die Stunden nach Sonnenaufgang und vor Sonnenuntergang, wenn das Licht der tiefstehenden Sonne am wärmsten ist. 2. Verwenden Sie einen Polarisationsfilter, um Reflexe auszuschalten und die Farbwiedergabe zu intensivieren. 3. Belichten Sie den Film etwas knapper als gemessen. Probieren Sie die Wirkung aber aus, da sie von der Kombination Film und Kamera abhängt. Wann immer es möglich ist, sollten helle und dunkle sowie warme & kalte Farbe miteinander kombiniert werden. Je nachdem, welche Farbtöne dabei zusammenspielen, sorgt das für spannenden Kontrast, beruhigende Harmonie oder einfach einen plakativen Effekt. Qualität und Positionierung von Farben wirken sich aber auch auf den Schärfeeindruck eines Bildes aus, denn Schärfe ist über das Auflösungsvermögen von Filmen und Objektiven hinaus etwas sehr Subjektives. Genau wie ein Autofocussystem sucht auch unser Auge nach Kanten und scharfen Übergängen, um dem Gesehenen Sinn zu verleihen. Übergänge wie sie zum Beispiel auch zwischen einer kalten und einer warmen Farbe auftreten. In einem typischen Herbstmotiv findet sich beispielsweise ein Durcheinander von buntem Herbstlaub vor der Kulisse einige Hügel, die nach einem Gewitter im Dunst der Entfernung verschwimmen. Doch unser Auge wird nicht von den faden Hügeln oder dem verwelkten Laub, sondern von den über- und nebeneinander liegenden roten und gelben Ahornblättern im Vordergrund angezogen. Und das ist auch kein Wunder, denn unser Sehsystem ist für Gelb und Rot empfindlicher als für die Farben am blauen Ende des Spektrums und so wirken Übergänge zwischen solchen Farbtönen für uns immer attraktiver und schärfer. Praktisch kann man sich das auch in Form hochgesättigter Filme zu Nutze machen, die tendenziell ebenfalls warme Farben bevorzugen und so selbst bei schlechtem Licht noch ein Quäntchen schärfer wirkende Bilder produzieren.

Glossar

Arch: Eine natürliche Öffnung entstanden durch Wind oder Regen. Nicht zu verwechseln mit einer *Natürlichen Brücke*.

Balanced Rock: Eine Felsformation bestehend aus hartem (oben) und weichem (unten) Material. Der weichere Teil wurde schneller erodiert so daß der härtere Teil darauf sitzen blieb.

Butte /Bjute: Eine kleine, tief eingeschnittene Mesa deren unterer Teil durch eine harte Schicht oben drauf geschützt wird. Manchmal auch „Zeugenberg" genannt, da sie wie im Monument Valley die einzigen Überreste des einztigen Plateaus sind.

Canyon: Ein tiefes, durch die Kraft des hindurch fließenden Flusses, geformtes Tal.

Fins: Eine Gruppe nach vertikalen Bruchlinien einzeln erodierter Felsen ähnlich einer Haifisch Flosse.

Fold: Eine durch unregelmäßige Bewegungen der Erdkruste hervorgerufene Erhebung. An der Waterpocket Fold tritt z.B. eine im Osten 2000 m tief liegende Sediment Schicht im Westen an die Oberfläche.

Goblins: Formationen aus weichem Gestein die die Erosion in groteske Formen verwandelt hat, auch Hoodood genannt.

Goosenecks: Solche zumeist langgezogene Flussbiegungen entstehen, wenn die Erosionskraft des Wasser nicht ausreicht, um die im Weg liegende harte Felsschicht zu durchbrechen.

Mesa: Ein hohes, das Umland überragende, Plateau. Der Begriff kommt aus dem spanischen und bedeutet „Tisch".

Natural Bridge: Eine natürliche Öffnung hervorgerufen durch die Kraft eines mäanderden Flusses.

Narrows: Eine Schlucht deren Wände sehr dicht zusammen stehen geschaffen durch Wasserkraft. Narrows sind oft trocken gefallen.

Needles: Sandsteinformationen die zu ausgefransten Spitzen erodiert wurden, manchmal auch Minarette oder Turmspitzen (Spires) genannt.

Reef: Eine natürliche Felsbarriere in Form eines Gebirgszuges hervorgerufen durch die vertikale aufwärtsbewegung einer Sedimentschicht.

Sand Pipes: Phallische Säulen aus hellem Sandstein

Slickrock: Ein Begriff der den durch die Elemente glatt gewaschenen Sandstein des Colorado Plateaus beschreibt.

Slot Canyon: Ein sehr schmaler Canyon mit weich geformten Wänden, hervorgerufen durch die wiederholt wirkende Kraft plötzlich einsetzender Sturzregen.

Wash: Der saisonale Verlauf eines Flusses. Aktiv meist nur nach sporadischen heftigen Regenfällen.

Klimadaten Monument Valley NTP

	J	F	M	A	M	J	J	A	S	O	N	D
Ø Höchsttemperatur ° C	5,0	9,3	14,2	19,5	24,8	30,9	33,7	32,2	27,7	20,8	12,5	5,7
Ø Temperatur ° C	0,1	4,0	8,2	12,7	18,0	23,7	26,8	25,6	21,2	14,5	7,2	1,2
Ø Niedrigsttemperatur ° C	-4,6	-1,3	2,0	6,0	11,1	16,5	19,8	18,8	14,5	8,0	1,8	-3,3
Niederschlag mm	11,6	13,2	15,2	10,6	10,9	7,1	23,1	25,1	20,5	23,6	16,5	16,7
Schneefall mm	28	4	9,9	4,3	0	0	0	0	0	0	18,5	67

Klimadaten Goosenecks SP, Valley of the Gods

	J	F	M	A	M	J	J	A	S	O	N	D
Ø Höchsttemperatur ° C	6.0	11.1	16.1	21.3	27.2	33.6	36.5	34.8	30.1	23.1	14.4	7.3
Ø Temperatur ° C	-0.8	3.4	7.6	12.3	17.9	23.6	27.3	25.9	20.7	13.6	6.3	0.2
Ø Niedrigsttemperatur ° C	-7.7	-4.3	-0.8	3.2	8.6	13.7	18.2	16.9	11.3	4.1	1.7	6.8
Niederschlag mm	13.1	10.8	11.9	9.9	11.2	6.4	16.9	18.5	14.9	22.2	13.0	14.4
Schneefall mm	25,4	10,1	5,1	0	0	0	0	0	0	0	7,6	33

Klimadaten Natural Bridges NM

	J	F	M	A	M	J	J	A	S	O	N	D
Ø Höchsttemperatur	3.6	7.3	11.2	16.6	22.5	28.7	31.6	30.0	25.3	18.6	10.5	4.8
Ø Temperatur	-2.6	0.8	4.3	8.7	14.0	19.6	22.9	21.6	17.1	10.9	3.9	-1.2
Ø Niedrigsttemperatur	-8.8	-5.5	-2.5	0.7	5.5	10.3	14.1	13.1	8.7	3.2	-2.6	-7.3
Ø Niederschlag (mm)	32.7	28.1	25.0	20.8	17.6	11.8	26.7	32.7	31.5	35.2	23.4	30.6
Ø Schneefall mm	274	185	112	48	5,1	0	0	0	0	7,6	84	249

Klimadaten Canyon de Chelly NM

	J	F	M	A	M	J	J	A	S	O	N	D
Ø Höchsttemperatur ° C	6,3	10,6	15,0	20,0	25,2	31,0	33,0	31,5	27,8	21,4	13,5	7,3
Ø Temperatur ° C	-1,0	2,7	6,3	10,6	15,4	20,6	24,0	22,9	18,6	12,0	5,4	-0,2
Ø Niedrigsttemperatur ° C	-8,4	-5,1	-2,2	1,1	5,6	10,3	14,9	14,2	9,5	2,6	-2,7	-8,0
Niederschlag in mm	15,3	10,8	16,7	14,2	12,6	6,7	30,1	41,7	23,4	25,3	14,9	17,8
Schneefall mm	86	61	40,5	10	0	0	0	0	0	5,1	22,8	89

Klimadaten Petrified Forest NP

	J	F	M	A	M	J	J	A	S	O	N	D
Ø Höchsttemperatur ° C	8,0	12,0	16,0	21,0	26,0	32,0	34,0	33,0	29,0	23,0	15,0	9,0
Ø Temperatur ° C	0,0	3,0	6,0	11,0	15,0	21,0	25,0	23,0	19,0	13,0	6,0	0,0
Ø Niedrigsttemperatur ° C	-8,0	-6,0	-3,0	1,0	5,0	10,0	15,0	14,0	10,0	3,0	-3,0	-8,0
Niederschlag in mm	11	12	13	10	9	7	33	38	27	17	13	14
Anzahl klare Tage	12	12	13	15	17	20	11	12	18	19	16	14
teilweise bedeckte Tage	7	7	9	9	9	7	12	13	8	7	6	7
bedeckte Tage	12	10	9	7	5	4	8	6	4	6	8	10
% Sonnenschein	49	52	51	60	63	80	73	68	75	79	61	59
Schneefall mm	60	50	50	10	0	0	0	0	0	10	20	80

Klimadaten Page/AZ

	J	F	M	A	M	J	J	A	S	O	N	D
Ø Höchsttemperatur ° C	5,7	10,1	14,8	20,3	26,2	32,5	35,6	33,8	29,1	21,5	12,9	6,6
Ø Temperatur ° C	0,7	4,4	8,5	13,2	18,8	24,7	28,0	26,5	21,8	14,7	7,2	1,6
Ø Niedrigsttemperatur ° C	-4,3	-1,3	2,0	6,1	11,4	16,8	20,5	19,1	14,5	7,9	1,6	-3,4
Niederschlag mm	13,2	12,7	17,7	10,9	10,4	5,0	15,2	18,5	13,7	18,0	14,4	15,2
Schneefall mm	45,7	17,8	5	0	0	0	0	0	0	0	10	33

Klimadaten Petrified Forest NP

	J	F	M	A	M	J	J	A	S	O	N	D
Ø Höchsttemperatur ° C	8,0	12,0	16,0	21,0	26,0	32,0	34,0	33,0	29,0	23,0	15,0	9,0
Ø Temperatur ° C	0,0	3,0	6,0	11,0	15,0	21,0	25,0	23,0	19,0	13,0	6,0	0,0
Ø Niedrigsttemperatur ° C	-8,0	-6,0	-3,0	1,0	5,0	10,0	15,0	14,0	10,0	3,0	-3,0	-8,0
Niederschlag in mm	11	12	13	10	9	7	33	38	27	17	13	14
Anzahl klare Tage	12	12	13	15	17	20	11	12	18	19	16	14
teilweise bedeckte Tage	7	7	9	9	9	7	12	13	8	7	6	7
bedeckte Tage	12	10	9	7	5	4	8	6	4	6	8	10
% Sonnenschein	49	52	51	60	63	80	73	68	75	79	61	59
Schneefall mm	60	50	50	10	0	0	0	0	0	10	20	80

Klimadaten Wupatki- und Sunset Crater NMs

	J	F	M	A	M	J	J	A	S	O	N	D
Ø Höchsttemperatur ° C	5,6	7,3	9,5	14,2	19,5	25,4	27,4	26,0	22,7	17,3	10,5	6,2
Ø Temperatur ° C	-2,0	0,0	2,0	6,0	10,0	15,0	19,0	18,0	14,0	8,0	3,0	-1,0
Ø Niedrigsttemperatur ° C	-9,2	-7,9	-5,9	-2,9	0,7	5,2	10,2	9,3	5,0	-0,5	-5,3	-9,0
Niederschlag in mm	52	53	65	37	18	10	71	70	52	41	49	61
klare Tage	12	11	12	12	15	18	9	10	16	17	15	14
teilweise bedeckte Tage	6	6	8	9	9	8	13	13	10	7	7	6
bedeckte Tage	12	11	12	9	7	4	9	8	5	7	8	11
% Sonnenschein	77	73	76	82	88	86	75	76	81	79	75	73
Schneefall mm	518	467	559	251	43	0	0	0	0	50	251	403

Klimadaten Grand Canyon NP - Südrand

	J	F	M	A	M	J	J	A	S	O	N	D
Ø Höchsttemperatur ° C	5,0	7,0	10,0	15,0	21,0	27,0	29,0	28,0	24,0	18,0	11,0	6,0
Ø Temperatur ° C	-1,0	0,0	3,0	7,0	12,0	17,0	20,0	20,0	16,0	10,0	4,0	0,0
Ø Niedrigsttemperatur ° C	-8,0	-6,0	-4,0	0,0	4,0	8,0	12,0	12,0	8,0	2,0	-3,0	-7,0
Niederschlag mm	36,8	41,4	40,9	24,2	17,7	12,6	48,5	57,8	37,7	30,9	28,8	40,9
Schneefall mm	404	322	246	76	40,5	0	0	0	0	0	0	51

Klimadaten Grand Canyon NP - Nordrand

	J	F	M	A	M	J	J	A	S	O	N	D
Ø Höchsttemperatur ° C	4,0	5,0	7,0	11,0	17,0	24,0	27,0	25,0	22,0	15,0	9,0	5,0
Ø Temperatur ° C	-3,0	-2,0	0,0	4,0	10,0	15,0	18,0	17,0	14,0	8,0	2,0	-2,0
Ø Niedrigsttemperatur ° C	-10,0	-8,0	-6,0	-3,0	2,0	7,0	10,0	9,0	6,0	0,0	-5,0	-9,0
Niederschlag mm	63,5	53,5	61,9	27,9	23,1	13,2	51,5	54,3	36,0	37,8	41,4	50,0
Schneefall mm	884	640	716	284	58,5	2,5	0	0	2,5	109	322	480

Klimadaten Las Vegas/NV, Valley of Fire SP

	J	F	M	A	M	J	J	A	S	O	N	D
Ø Höchsttemperatur ° C	13,9	17,2	20,2	25,0	30,7	37,6	40,6	39,2	34,5	27,5	19,5	14,0
Ø Temperatur ° C	7,0	10,0	13,0	18,0	23,0	29,0	32,0	31,0	27,0	20,0	12,0	7,0
Ø Niedrigsttemperatur ° C	0,9	3,7	6,5	10,3	15,5	20,6	24,3	23,2	18,8	12,3	5,8	1,0
Niederschlag in mm	12	12	11	5	7	3	9	12	7	5	11	10
Anzahl klare Tage	14	12	14	16	18	22	20	22	22	20	16	15
teilweise bedeckte Tage	6	7	8	8	8	5	7	7	5	6	7	7
bedeckte Tage	11	9	9	7	5	3	3	3	2	4	7	10
% Sonnenschein	77	81	83	78	88	93	88	88	91	87	81	78

Die Sonnenauf- und -untergangsdaten beziehen sich für alle in Arizona gelegenen Locations auf die Mountain Standard Time und für Las Vegas/Valley of Fire SP (Nevada) auf die Pacific Standard Time. Während der Sommerzeit (erster Sonntag im April bis zum letzten Sonntag im Oktober) müssen Sie nur für Nevada eine Stunde addieren, denn Arizona und die Navajo Reservation halten sich nicht an die sogenannte Daylight Savings Time. Angegeben sind jeweils oben die Daten für den 1. des Monats und unten für den 15. des Monats. Um die Zeit für umliegende Orte näherungsweise zu bestimmen, müssen Sie, je nach dem ob sie weiter im Westen oder Osten liegen, ein paar Minuten dazugeben bzw. abziehen. Die Dämmerung beginnt rund 40 Minuten vor Sonnenaufgang und endet ebenfalls rund 40 Minuten nach Sonnenuntergang.

Sonnendaten Monument Valley, etc

	J	F	M	A	M	J	J	A	S	O	N	D
SA	07:34 07:33	07:23 07:09	06:51 06:32	06:07 05:47	05:27 05:13	05:04 05:02	05:06 05:14	05:27 05:39	05:52 06:03	06:17 06:29	06:45 06:59	07:15 07:26
SU	17:16 17:29	17:47 18:02	18:16 18:26	18:44 18:56	19:10 19:22	19:35 19:42	19:44 19:40	19:27 19:12	18:49 18:29	18:04 17:44	17:24 17:12	17:05 17:06

Sonnendaten Canyon de Chelly NM, Petrified Forest SP

	J	F	M	A	M	J	J	A	S	O	N	D
SA	07:29 07:28	07:19 07:05	06:48 06:29	06:04 05:45	05:25 05:12	05:02 05:01	05:05 05:13	05:25 05:37	05:50 06:01	06:14 06:25	06:41 06:55	07:11 07:22
SU	17:15 17:28	17:45 18:00	18:13 18:26	18:40 18:52	19:06 19:18	19:30 19:37	19:39 19:35	19:23 19:08	18:45 18:25	18:01 17:42	17:22 17:10	17:04 17:05

Sonnendaten Wupatki- und Sunset Crater NMs, Page/Lake Powell

	J	F	M	A	M	J	J	A	S	O	N	D
SA	07:35 07:34	07:25 07:12	05:56 06:37	06:13 05:54	05:35 05:22	05:13 05:11	05:16 05:24	05:36 05:46	05:59 06:10	06:22 06:33	06:48 07:02	07:17 07:28
SU	17:26 17:38	07:55 18:09	18:22 18:34	18:48 18:59	19:13 19:24	19:36 19:43	19:45 19:41	19:29 19:15	18:53 18:33	18:10 17:51	17:32 17:20	17:14 17:16

Sonnendaten Grand Canyon Village

	J	F	M	A	M	J	J	A	S	O	N	D
SA	07:39 07:38	07:29 07:15	06:58 06:39	06:14 05:55	05:36 05:22	05:13 05:11	05:15 05:23	05:36 05:47	06:00 06:11	06:24 06:36	06:51 07:05	07:21 07:32
SU	17:25 17:38	17:56 18:10	18:24 18:36	18:51 19:02	19:16 19:28	19:40 19:47	19:49 19:45	19:33 19:18	18:56 18:35	18:12 17:52	17:32 17:21	17:14 17:16

Sonnendaten Las Vegas/NV, Valley of Fire SP

	J	F	M	A	M	J	J	A	S	O	N	D
SA	06:52 06:51	06:42 06:29	06:10 05:51	05:26 05:07	04:48 04:34	04:25 04:23	04:27 04:35	04:48 04:59	05:13 05:23	05:36 05:48	06:04 06:18	06:33 05:45
SU	16:37 16:50	17:08 17:22	17:36 17:48	18:03 18:15	18:28 18:40	18:53 19:00	19:02 18:58	18:46 18:30	17:24 17:48	17:24 17:04	16:44 16:33	16:26 16:27

Vollmonddaten und (Neumonddaten)

	J	F	M	A	M	J	J	A	S	O	N	D
2024	25 (11)	24 (9)	25 (10)	23 (8)	23 (7)	21 (6)	21 (5)	19 (4)	17 (2)	17 (2)	15 (1) (30)	15 (30)
2025	13 (29)	12 (27)	13 (29)	12 (27)	12 (26)	11 (25)	10 (24)	9 (22)	7 (21)	6 (21)	5 (19)	4 (19)
2026	3 (18)	1 (17)	3 (18)	1 (17)	1+31 (16)	29 (14)	29 (14)	27 (12)	26 (10)	25 (10)	24 (8)	23 (8)
2027	22 (7)	20 (6)	22 (8)	20 (6)	20 (6)	18 (4)	18 (3)	17 (2) (31)	15 (29)	15 (29)	13 (27)	12 (27)
2028	11 (26)	10 (25)	10 (25)	9 (24)	8 (24)	6 (22)	6 (21)	5 (20)	3 (18)	3 (17)	2 (16)	1+31 (15)
2029	29 (14)	28 (13)	29 (14)	28 (13)	27 (13)	25 (11)	25 (11)	23 (9)	22 (8)	22 (7)	20 (5)	20 (5)
2030	19 (3)	17 (2)	19 (3)	17 (2)	17 (2) (31)	15 (30)	14 (30)	13 (28)	11 (27)	11 (26)	9 (24)	9 (24)
2031	8 (22)	7 (21)	8 (22)	7 (21)	6 (21)	5 (19)	4 (19)	2 (17)	1+30 (16)	30 (16)	28 (14)	28 (14)
2032	27 (12)	25 (10)	26 (11)	25 (9)	24 (9)	23 (7)	22 (7)	20 (5)	19 (4)	18 (4)	16 (2)	16 (2)
2033	15 (1) (30)	13 (0)	15 (1) (30)	14 (28)	14 (28)	12 (26)	12 (26)	10 (23)	8 (23)	8 (23)	6 (21)	5 (21)
2034	4 (20)	3 (18)	4 (20)	3 (18)	3 (17)	1 (16)	1+30 (15)	29 (13)	27 (12)	27 (12)	25 (10)	25 (10)

Kartenlegende

Die Karten dienen zur Veranschaulichung der Landschaftsformen.
Sie sind nicht dazu geeignet, sich vor Ort im Gelände zu orientieren.
Greifen Sie hierzu bitte auf maßstabsgerechte Karten zurück.

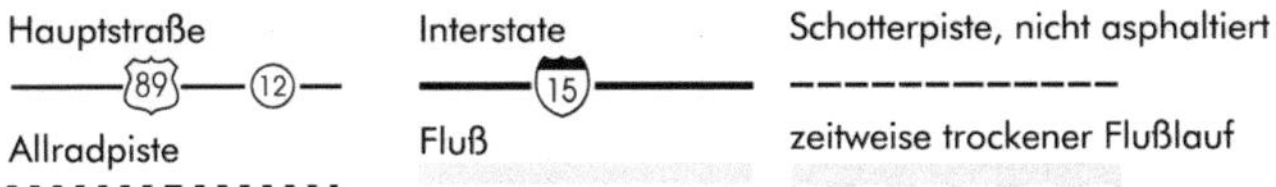

Phototechnik

Soweit Belichtungszeiten angegeben sind, gelten sie für eine Empfindlichkeit von 50 ISO.
Alle Brennweitenangaben beziehen sich auf das Kleinbildformat 24x36 mm.
Um die jeweils gemeinte Brennweite für die in der Regel kleineren digitalen Aufnahmeformate zu ermitteln, dividieren Sie die angegebene Brennweite durch den Ihrem Format entsprechenden Faktor:
APS-C (1,4), APS (1,5), 4/3" (1,9), 2/3" (3,9), 1/1,6" (4,2), 1/1,7" (4,6), 1/1,8" (4,8), 1/2,3" (5,6), 1/2,5" (6,0), 1/2,7" (6,5), 1/3,2" (10,2)